香港・元清閣の祭壇。祭壇正面に置かれた円形の沙盤の上に乩筆が見える。
潮州系のこの道壇ではＹ字型の乩筆を用いる（游子安氏撮影）

香港・金蘭観の箕を用いる扶鸞（游子安氏撮影）

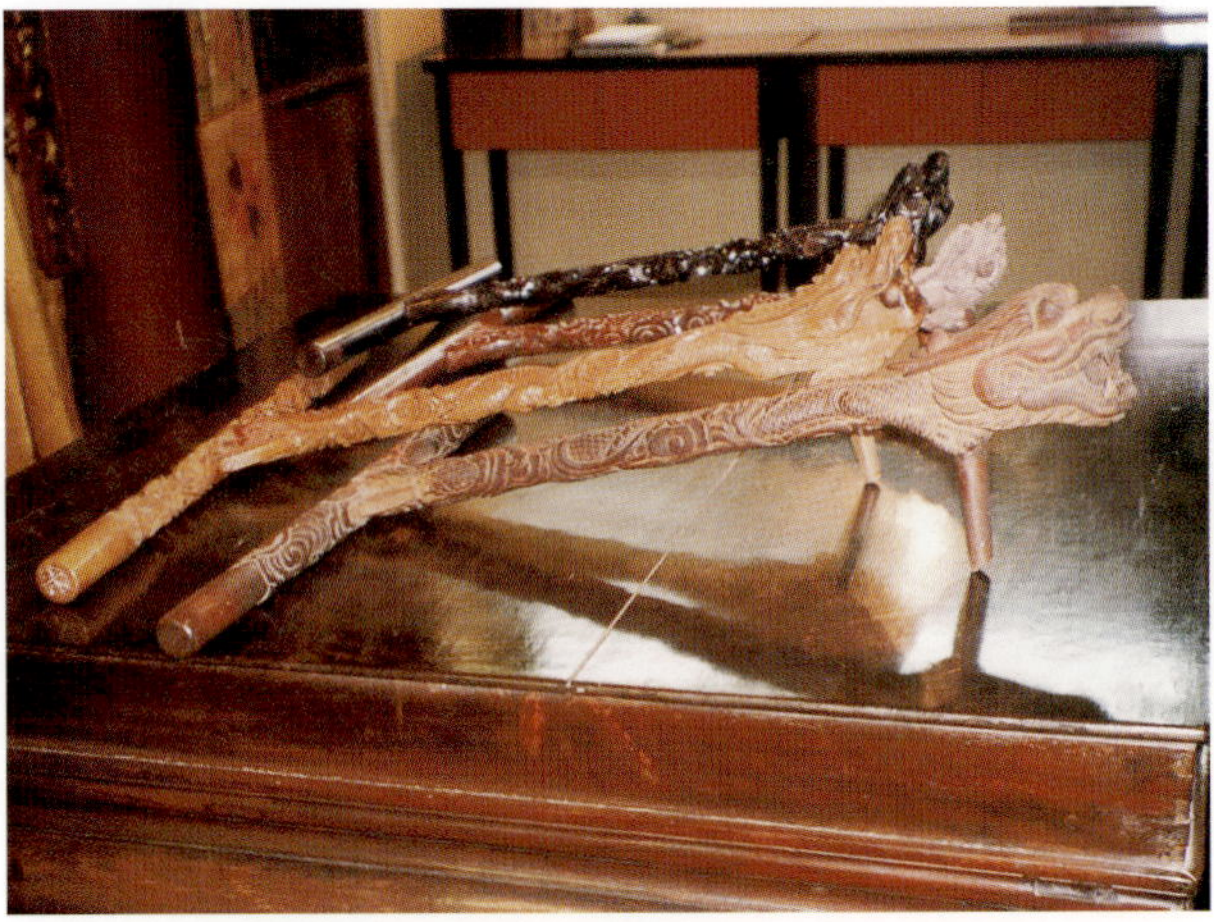

精緻な彫刻が施された乩筆（香港・省善真堂）

[あじあブックス]
054

中国のこっくりさん

——扶鸞《ふらん》信仰と華人社会

志賀市子

大修館書店

はじめに

小学生の時、放課後の教室で、女の子の友達数人と「こっくりさん」をやってみたことがある。あれは確か小学校の三年生か四年生くらいだったと思う。その頃私のクラスでは、女の子たちが一時とりつかれるように「こっくりさん」に夢中になった。真っ白い紙を用意し、その中心に鳥居のマークを描き、そのまわりに五十音のひらがなや「はい」「いいえ」などの言葉を書きつけていく。鳥居のマークの上に十円玉を置き、二人の人差し指で十円玉を軽く押さえれば準備完了である。呪文の正確な内容は覚えていない。たしか「こっくりさん、こっくりさん、来てください、私たちの質問に答えてください」といったような文句を唱えたように思う。呪文を唱えてしばらくすると、自分は動かしているつもりはないのに、十円玉が紙の上をすべるようにゆっくりと動き出し、紙に書き付けたひらがなを指し示しながら行き来する。あるいは突然、指がついていけないほど十円玉の動きが速まったり、動きがなかなか停まらなかったりすることもある。いっしょに十円玉を押さえている友達と顔を見合わせながら、少し不安な気持ちになってくる。女の子たちの間では、「こっくりさん」をやっていて悪霊に取り憑かれてしまったり、夜中にうなされるようになった小学生の話がよくささやかれていたからだ。そのせいかどうかはわからないが、放課後の教室の「こっくりさん」には、校庭でドッジボールやなわとびをするのとは違い、後ろめたさや恐いもの見たさがない交ぜとなった、ある種秘密めいた雰囲気がつきまとっていた。

　クラスの女の子たちに広まった「こっくりさん」ブームは、しばらくすると火が消えるようにおさまった。小学校の高学年になると、そんな遊びをしていたことさえ忘れてしまった。たぶん「こっくりさん」で遊んだことのある多くの人が同じような体験をしているのではないかと思う。

　それ以来「こっくりさん」のことはすっかり忘れていたのだが、大人になってから思いがけないところで、再び「こっくりさん」によく似た現象に出会うことになった。それが本書が取り上げる「扶鸞《ふらん》」(「扶乩《ふけい》」とも呼ばれるが、本書では特に必要のない限り「扶鸞」で統一する)である。

　「こっくりさん」とは、「自動書記」(オートマティック・ライティング)と呼ばれる現象を利用した交霊術の一種である。自動書記現象とは、生理学や心理学的解釈では、行為者の潜在意識と意識されない肉体の物理的な動きによって生じるものとされる。だが神秘的解釈によれば、この現象は何らかの超自然的存在が、見えない力の作用によって人の手や腕を動かし、メッセージを伝える行為と見なされる。こうした神秘的解釈をとる人々は、古今東西に少なからぬ勢力を形成しており、その結果世界各地に自動書記を利用したさまざまな交霊術が出現することになった。たとえば、日本では明治期に輸入され流行したとされる「こっくりさん」や、新宗教の「お筆先」、西洋では十九世紀のイギリスやアメリカで大流行したテーブル・ターニング、ウイジャ盤、プランシェットなどが知られている。だが、お隣の中国でも、「こっくりさん」やプランシェットによく似た交霊術が、古くから盛んに行われてきたことは、意外に知られていないようだ。

「中国のこっくりさん」――すなわち「扶鸞」は、筆を上から吊るしたり、木の棒を手で支えたりして、砂や線香の灰を敷いた盤の上に漢字や記号などを描き出す。これを読み取って解釈し、神霊からのメッセージとする。

「扶鸞」は、日本の「こっくりさん」と原理は同じだが、だからといって「なんだ、たかがこっくりさんじゃないか」と侮ってはいけない。扶鸞は日本の「こっくりさん」とは比べ物にならないほど長い歴史を持ち、分布地域や担い手という点から言っても、中国社会に多大な影響力を及ぼしてきたからである。

たとえば明清時代、扶鸞は身近な占いの手段であり、自宅や廟《びょう》、宗教結社のみならず、時には役所や書院のような公的な場所においてさえ気軽に行われた。また扶鸞は占いとしてだけでなく、扶鸞を介して降りたおびただしい神仙の教えが、「善書《ぜんしょ》」という形をとって広範な地域と階層に流布することによって、大衆的な宗教倫理観念の確立に大きな役割を果たした。建前上は民衆を騙す迷信の類と見なされることもあったが、実際には民衆を啓蒙する側の知識人が、熱狂的と言ってもいいほどにのめりこんだのである。

さらに太平天国の乱や西洋近代文明の急激な流入によって社会秩序や価値観が大きく変動した十九世紀後半――偶然にもヨーロッパやアメリカにおいて近代心霊主義《スピリチュアリズム》運動が起こったのとほぼ同時期、扶鸞はかつてないほどの熱狂的なブームとなり、中国各地に扶鸞結社の設立運動が沸き起こった。この運動はやがて「道院紅卍字会《どういんこうまんじかい》」や「一貫道《いっかんどう》」などの新興宗教結社を生み出した近代の宗教的潮流へと流れ込んでいく。民国期、近代合理主義の洗礼を受けた知識人の中にさえ、たとえば『天演論』を著し、中国に進化論を紹介した厳復《げんぷく》のように、扶鸞を否定するどころか、むしろその神秘性に強く惹かれていった人々は決して少なくなかった。

そして現代、香港、台湾、東南アジアなど各地の華人社会では、宗教結社などにおいて今もなお扶鸞が行われ、夜ごとに降りる神々のメッセージに癒され、生きる力を与えられる人々がいる。いったい扶鸞の何が、中国の人々をこれほどまでに惹き付けるのだろうか。私は、これまで行ってきた中国本土や香港、台湾などでのフィールドワークを通して、ずっとこの疑問を抱き続けてきた。本書では、人々の日常の営みと彼らの祖先がたどってきた道のりを振り返りながら、改めてこの疑問について考えてみたい。

目次

第三章　扶鸞信仰の歴史　105

第一章

扶鸞とは

1　扶鸞の方法

扶鸞とは

扶鸞《ふらん》のやり方は、時代や地域によって多少の違いはあるが、一般には、桃か柳の枝で作られたT字型あるいはY字型の「乩筆《けいひつ》」を、一人または二人の「乩手《けいしゅ》」が支えながら行う。乩筆の太さ、長さなどはまちまちであるが、一人の乩手で支える「単乩《たんけい》」の場合は比較的短くて軽いものが多く、二人の乩手で支える「双乩《そうけい》」の場合は長くて太いものが多い。乩筆の先の部分には普通数センチの小さな突起がついており、その部分を砂や香灰を敷いた「沙盤《さばん》」の上に置く。符（おふだ）を燃やしたり呪文を唱えたりした後、それを合図に乩筆が動き出し、「沙盤」の上に文字や記号などを描き出す。これを乩手自身、あるいは側に控える第三者が声に出して読み上げたものを書記者が書き写し、神霊からのメッセージとするのである。

香港の「単乩」スタイルの扶鸞。T字型の細い乩筆を用いる
（飛雁洞仏道社）

扶鸞は「扶乩《ふけい》」「扶箕《ふき》」「飛鸞《ひらん》」とも呼ばれる。明治の文豪幸田露伴《こうだろはん》は、この中国の降神術に並々ならぬ関心を示し、「扶鸞之術」というエッセイの中で、「扶鸞は鸞ありて而《しこう》して後に扶鸞の名起り、扶箕は箕《み》によりて而して扶箕の称出づ。（中略）但《ただ》扶鸞と扶箕と、その名の由《よ》って本づくところは、各《おのおの》同じからずと雖《いえど》も、其実《そのじつ》の以て示すところは相異ならず、俗皆之《みなこれ》を乩といふ」と述べている。「扶乩」とは、字義どおり解釈すれば、乩を扶《ささ》え持つという意味になる。ちなみに「乩」とは、『説文解字《せつもんかいじ》』によれば「卟《けい》に同じ。卜《ぼく》して以て疑を問う」こと、すなわち占うことである。

香港では、「扶鸞」よりも「扶乩」という呼び方のほうがよく通じる。香港で一般に「道壇《どうだん》」あるいは「道堂《どうどう》」と呼ばれる道教団体で行われている扶乩は、細い柳の枝で作られた乩筆を、一人の乩手が両手の人差し指で支える「単乩」が圧倒的に多い。

台湾では「扶鸞」という呼び方が定着している。台湾では、扶鸞を主要な活動とする結社は一般に「鸞《らん》

台湾の「双乱」スタイルの扶鸞。Y字型の太い乱筆を用いる
（高雄旗津明心社修善堂、佐々木伸一氏撮影）

堂《どう》」と呼ばれる。「乱筆」を「鸞筆」、「乱手」を「鸞手」、さらに乱手の主となる方を「正鸞」、乱筆を支えるだけの一方を「副鸞」と呼ぶところもある。台湾の鸞堂の扶鸞は、二人の乱手が乱筆を支える「双乱」が一般的である。そのためかどうか、台湾の乱筆（鸞筆）は、香港の乱筆に比べ、一人では支えきれないほど太くて重いものが多い。先端に龍や鸞《らん》（鳳凰《ほうおう》の類の霊鳥）が彫られていたり、全体に赤や黒の塗りをほどこされているなど、凝ったつくりの乱筆もよく見かける。台湾では砂を撒いた沙盤ではなく、帆布で作ったクッション様の物に文字を書いていくところもある。台湾の太くて重い乱筆が動き出すと、クッションがある程度衝撃を吸収するとはいえ、かなりの迫力がある。一度、澎湖《ほうこ》島のとある仏寺に付設された鸞堂を訪れた時、階下からバン、バンと、バナナの叩き売りのような大きな音が聞こえてきて、いったい何事かとびっくりしたことがある。階下に下り、白い御簾《みす》で隠された祭壇内に入れてもらうと、ちょうど、黒い丈《たけ》長の中国服を着た男性二人に

よって支えられた重そうな乩筆が、帆布のクッションを勢いよく叩きつけている真っ最中であった。

錐や筆を吊るす垂直型

扶鸞が盛行したと言われる清代には、扶鸞はどのような方法で行われていたのだろうか。徐珂《じょか》の『清稗類鈔《しんはいるいしょう》』は、「扶乩」のやりかたを次のように説明している。「硃盤《しゅばん》に沙《すな》をまき、上に丁字に組み合わせた架《か》を置き、その端に錐《きり》を吊り下げ、架の左右を二人で扶える。符を燃やすと、神が降《お》り、以て禍福を判断する。すなわち沙中に字を書く、これを扶乩という。」この方法とよく似た扶鸞の様子が、清末の世情を描いた『点石斎画報《てんせきさいがほう》』の中の「飛鸞」の図に描かれている。二人の文人が向かい合って立ち、丁字に組み合わせた乩架《けいか》の柄の部分をそれぞれ支えている。乩架の先端からは細い錐のような物が沙盤に向か

「飛鸞」の図（『点石斎画報』丙集）

って垂直に下りている。

露伴によれば、扶鸞の語の由来は「蜀《しょく》の梓潼《しどう》帝君廟《ていくんびょう》の降筆亭《こうひってい》に飛鸞あるに本づく」のだというが、この「飛鸞」も垂直型である。学問の神様として知られる梓潼帝君、すなわち文昌《ぶんしょう》帝君を祀ったこの廟の降筆会には、最後は神頼みとばかりに科挙の受験者が殺到した。ここで行われていた飛鸞とは、飛びたつ鸞の形をした依代《よりしろ》の口に筆をふくませ、筆が垂直になるように上から吊るし、下に置いた紙の上に文字を書かせるというものであった。

筆の代わりに錐を振り子のように上から吊るし、砂の上に描かれた模様からメッセージを読み取る形態もあり、これは「龍沙《りゅうさ》」と呼ばれた。霊媒の手をまったく介さないこれらの方法は、神託を純粋に知ろうとする究極の扶鸞とも言えるが、人間の手を借りないだけに複雑なメッセージを伝えることには向かなかったであろう。文献には記されているが、盛行したとは言いがたい。

箕、籠、箸を使う

扶鸞のもう一つの呼称である「扶箕」については、穀物を入れる籠《かご》としての箕《み》に箸や筆を挿したものを依代として神霊を降ろし、字を書かせる風習から来ていると言われる。この風習は扶鸞の起源の一つとされる紫姑神《しこしん》の信仰と関わりが深い。紫姑神は、中国の南方地域で大変篤く信仰されている女仙で、地域によってさまざまな異名や言い伝えがあるが、生前の紫姑が兄嫁や正妻にいじめ

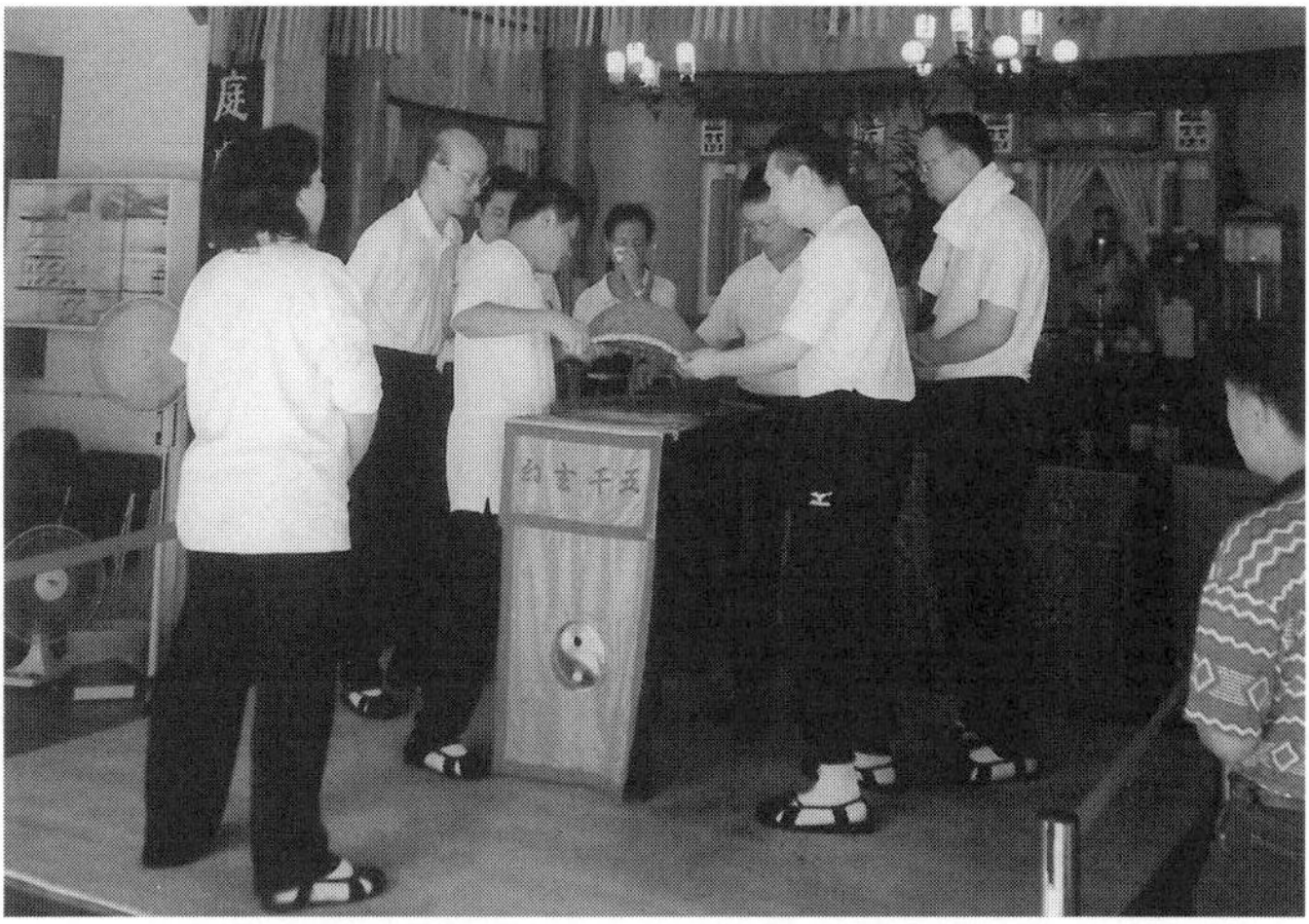

香港・金蘭観の箕を用いる扶鸞（游子安氏撮影）

殺されたというわれや、厠《かわや》や豚小屋と関わりが深いなどの点で共通している。紫姑を招き寄せる依代には、箕のほかに、笠、竹籠、箒《ほうき》、箸など身近な道具が使われる。香港には今でも、箕を使って扶鸞を行う道教団体がある。「金蘭観《きんらんかん》」と称するこの道教団体は、竹の箕に箸を挿した道具を正乩手と副乩手の二人で支え、砂の上に字を描き出していく。金蘭観は、もともと広東《カントン》省の潮州《ちょうしゅう》からの出身者によって創立された。民国時代の民俗学者チャオ・ウェイパンの調査によれば、潮州は、「籃姑《らんこ》」「観箸神《かんちょしん》」――籠や箸などの道具を依代として神仙を降ろす――といった遊戯が、子供たちの間で盛んに行われていた地域である。

椅子、神輿、赤ペン、その他

台湾の廟や宗教結社では時折、椅子や「輦轎《レンキョ》」

台中・武廟明正堂の「金指妙法」による扶鸞

と呼ばれる小型の神輿《みこし》を使って神の託宣を得るやりかたを見かけることがある。男性二人、あるいは「童乩《タンキー》」と呼ばれるシャーマンが、椅子や神輿をかつぐようにして抱え持つ。神霊が降りると椅子や神輿が激しく上下左右に動き出すので、灰や砂を敷いたテーブルの上に押さえつけるようにして置き、椅子や神輿の脚で一字一字文字を書いていくのである。

台中《たいちゅう》の「武廟明正堂《ぶびょうめいせいどう》」という鸞堂を訪れた時には、赤のサインペンを使う扶鸞のスタイルを見かけた。扶鸞を始めると、男性乩手はペンを持った手を少し震わせるが、すぐに黄色い紙にすばやく文字を書いていく。時々書き直したりもする。乩手は眼を閉じることもなく、どう見てもふつうに書き物をしているのとまったく変わらない様子なのであるが、この扶鸞のやり方は明正堂では「金指妙法《きんしみょうほう》」と呼ばれ、なかなか到達できない至高の扶鸞として珍重されているのである。

扶鸞によって文字ではなく、「乩画《けいが》」と呼ばれる書画を描く場合もある。かつて訪れたことのある台北の「正宗書画社《せいそうしょがしゃ》」の李氏はこの乩画を得意とし、高い評価を得ていた。描かれた乩画を解釈し、そこから神仙のメッセージを読み取ることもある。

「玩仙」――「こっくりさん」とよく似た占い

本書では、読者に理解してもらいやすいように、扶鸞のことを「中国のこっくりさん」と呼んだが、実際のところ、華人社会で行われている扶鸞・扶乩は、乩筆や乩架、沙盤などの特別な道具を用いるという点でも、宗教結社等で大の大人が大まじめに行うものであるという意味でも、日本の「こっくりさん」とは、かなり様相を異にするということがおわかりいただけたかと思う。

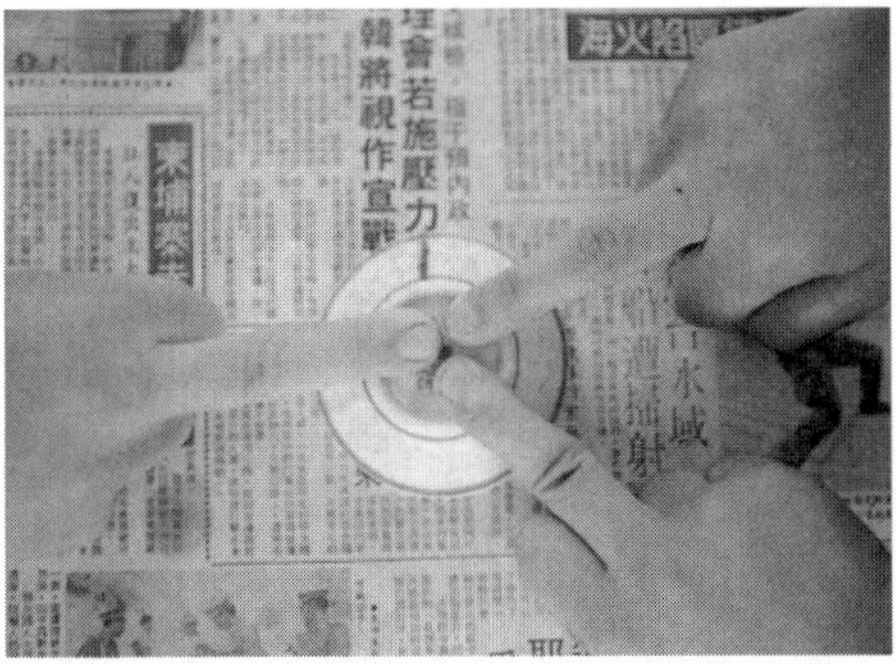

碟仙のイメージ（雑誌『東周刊』1993年第30期より）

日本の「こっくりさん」にもっとよく似た占いというならば、むしろコインやペンを使った「銀仙《ぎんせん》」「碟仙《ちょうせん》」「筆仙《ひっせん》」など、一般に「玩仙《がんせん》」と呼ばれる遊戯のほうが近い。「銀仙」はコインを使って仙人を招く遊びである。コインの代わりに小皿を伏せて使う場合は「碟仙」（碟は皿の意）という。いずれも、新聞紙や文字を書いた紙の上に、コインや小皿を置いて人差し指で押さえ、それらの指し示す漢字や単語から仙人のお告げを読み取る。鉛筆を使う場合は「筆仙」という。こうした、身近な道具を使って神霊を招き、試験のことや異性のことを尋ねる「玩仙」に夢中になる年齢層は、日本の「こっくりさん」と同様、小中学生が多いが、時には大学受験間近の高校生まで含まれるようだ。

香港では、玩仙は日本の「こっくりさん」以上に、不健康で危険な遊びであると考えられている。香港の新聞や雑誌には時折、銀仙に夢中になって憑依《ひょうい》状態に陥った小学生の話や、中学生のグループが碟仙にお伺いをたてて集団自殺を企てたといったニュースが取り上げられており、そのたびに心理学者や教育者の「玩仙の流行はゆゆしき問題だ」というコメントが掲載される。香港の心理学の学術雑誌には、クラスの中で一人の少女が、筆仙に「悪い霊に取り憑かれている」と名指しされ、いじめに遭うといった深刻なケースも報告されている。

扶鸞に降臨する神仙

扶鸞を介して降臨する神霊は、道教の神仙から、観音、釈迦、孔子など儒教、仏教の神格、さらには李白、杜甫、岳飛《がくひ》など歴史上の人物に到るまで、実に多種多様である。だが、もし扶鸞の場に降りる神仙の人気ランキングベスト3を選ぶとすれば、第一位は八仙《はっせん》の一人呂洞賓《りょどうひん》、第二位に三国志の武将関羽《かんう》が神格化した関帝《かんてい》、第三位がお酒と諧謔の好きな済公《さいこう》活仏、ということになるだろうか。もっともこの順位は、香港を主なフィールドとしてきた私の印象に過ぎないため、台湾や他地域の華人社会の状況に詳しい人からは、あるいは異論があるかもしれない。

八仙の中心にあって、剣を背負った文人として描かれる呂洞賓、通称呂祖《りょそ》は、香港の道壇に最も頻繁に降臨する神仙である。呂祖は、「有求必応」(求めれば必ず応える)の救済神として、時代を問わず人々の求めるところに降臨し、人々のさまざまな願いに応えてきた。呂祖はまた、正一派《しょういっぱ》と並ぶ道教の二大教派の一つ全真教《ぜんしんきょう》の祖師の一人でもあり、『道蔵《どうぞう》』に収録された道教経典を始めとして、呂祖の降筆によって書かれたとされる道教経典や「勧善書《かんぜんしょ》」(善行を勧める一般信者向けの書物)の類は、それこそ枚挙に暇がない。

華人の住みつくところ必ず関帝廟ありと言われるほど、中国人に絶大な人気を誇る関帝も扶鸞と関わりが深い。関帝の降筆によって書かれたとされる『関聖帝君覚世真経《かくせいしんぎょう》』は、明清時代最も流通した勧善書の一つである。台湾や東南アジア各地に流通する勧善書には、関帝の降筆によって書かれたものが最も多いのではないだろうか。台湾の鸞堂では、

呂祖像

済公像（済公の乩示を集めた勧善書『道済雨華新輯』表紙）

関帝と呂祖と司命真君《しめいしんくん》を「三恩主《さんおんじゅ》」と呼んで祀っているところをよく見かけるが、この中では関帝の人気が最も高い。

三番目に挙げた済公活仏は、南宋時代に実在した道済《どうさい》禅師が神格化したとされる神様である。済公は台湾のシャーマン童乩によく憑依することでも知られる。済公が憑依した童乩は、必ずつぎはぎだらけの僧服をまとい、烏帽子《えぼし》に似たずきんを被り、団扇《うちわ》と酒の入ったひょうたんを持って、へべれけ状態で神託を下す。扶鸞の場では、砂の上に丸い団扇の絵と「哈《ハ》、哈《ハ》、哈《ハ》！」という傍若無人な笑い声を表す文字が書き出されれば、「済公活仏　到《のおでまし》！」である。済公の人気は、清末以降芝居や小説に好んで取り上げられることによって高まった。清末民初の作家包天笑《ほうてんしょう》は、少年時代の思い出を回想したエッセイの中で、江南の乩壇《けいだん》（扶鸞サークル）で最も人気のあったのは済公と呂洞賓で、仏教を信奉する者は済公を、道教を信奉する者は呂洞賓を祀ったと記している。香港や台湾では、現在も済公を祖師として奉じる扶鸞結社が活動を行っている。

2 扶鸞の原理

華人のシャーマニズムと扶鸞

華人の民間信仰には、世界のあらゆる民族の宗教文化がそうであるように、神や死者の霊魂といった霊的存在へ働きかけたり、その意思を確かめたりするためのさまざまな手段がある。その中には、トランス（または変性意識状態）という特殊な身体経験を伴い、霊的存在と直接交流する能力・技術がある。そうした能力・技術を身に付けた人々のことを、学術用語ではシャーマンと呼び、そうした能力・技術への信仰を核とする信仰体系のことをシャーマニズムと呼んでいる。華人社会において一般にシャーマンとされる宗教職能者としては、台湾やシンガポールなどで盛んな童《タン》乩《キー》、仏降ろしを専門にする女性霊媒の尫姨《アンイー》（香港や広東では問米婆《アンマイポー》と呼ばれる）などが知られている。

神がかりの状態に入った台湾の童乱
（台湾・鹿港）

童乱は「トランス状態で霊的存在と直接交流する」というシャーマンの定義にぴったりあてはまる宗教職能者である。神がかりになる時、童乱は最初あくびを何度も繰り返し、やがて目を閉じ、身体を小刻みに震わせたり、時には暴れたりしながら恍惚状態に入っていく。童乱の人格は神霊へと転換し、憑依した神霊の性格を表象するパフォーマンス——たとえば孫悟空こと斉天大聖《せいてんたいせい》の場合は飛び跳ねたり、観音の場合は優雅に踊ったり——を披露する。ぶつぶつとつぶやく言葉は神霊からのメッセージとされ、「卓頭《たくとう》」と呼ばれるさにわ（神託を伝える仲介者）が傍らについて通訳をする。

では扶鸞は、こうした童乱のようなシャーマンと比較してどのような特徴を持つのだろうか。

華人社会では、扶鸞もまた童乱と同様、神霊の意思を知るための手段として広く普及している。だが扶鸞は、華人のシャーマニズム研究の中では、常に少々やっかいな存在として扱われてきた。扶鸞を観察した研究者は、扶鸞をシャーマニズムに含めることにいささか躊躇を感じるようだ。その理由として、扶鸞を行っている最中の乩手が、多くの場合、童乩のような「忘我」「恍惚」状態と形容される顕著なトランス状態を示さないということが挙げられる。乩手は、外見上あまり大きな変化を示さず、意識もはっきりしているように見える。特に香港の乩手は目を閉じることもなく、まったく普通の状態と変わらない。一つの詩句を読み上げるごとに砂を平らにならすのは、普通沙盤の横に立つ介添えの役割だが、乩手によっては自分で無造作にやってしまう。台湾の扶鸞の場合は、目を閉じた乩手の身体が震えたり、息が少し荒くなったり、童乩ほどではないが、通常とは異なる状態を示すこともある。だが総じて言えるのは、扶鸞の乩手は童乩のように、周りの人が見てはっきりとわかるような荒々しいトランス状態を示さないということなのである。

　また、一般に童乩は口頭で、扶鸞は文字を媒介として神のメッセージを伝えるという違いがあるとされるが、現実には童乩と扶鸞との区別が曖昧であること

扶鸞を行う女性乩手（香港・純陽仙洞）

も、扶鸞の独自性をとらえにくくしている要因の一つであろう。台湾では童乩を「武壇」（または武乩）、扶鸞を「文壇」（または文乩）と呼んで区別し、後者を前者よりも高尚なものと見なす傾向があるが、実際には童乩の中にも文字を書いて神託を伝える者がいるし、扶鸞の乩手の中にも、沙盤の上にはただひたすらぐるぐると円を描くだけで、乩示はもっぱら口頭で発する者がいる。

では、扶鸞儀礼に参加する一般信者の側からは、扶鸞はどのようにとらえられているのだろうか。扶鸞の信者にとっては、乩筆が動き、沙盤に文字や記号が描き出されること、そして乩示の内容、文体、時には筆跡の見事さなどが重要なのであって、乩手の身体に神霊が憑いているのかどうか、ということはあまり問題にならない。

一般信者の扶鸞に対する平均的なとらえかたとは、「扶鸞の場合、神は乩（筆）、または乩手の腕に降りるのであり、乩手はただ乩筆を支えているだけである」というものである。扶鸞を行っている間、乩手の状態がふつうとほとんど変わらないことも、こうしたとらえかたがなされる理由の一つと考えられよう。童乩のように暴れたり、恍惚とした表情を示せば、神が童乩の身体にとりついている、または身体の内部にまさに入ってきている状態であるとわかりやすい。だが、扶鸞のように外見上何も変化がないと、乩手は乩筆をただ支えているに過ぎず、神霊は乩手の身体には何の影響も及ぼしていないように見えるからである。

だが、神と人との仲介役を果たす乩手の身体や意識がまったく無視されているのかと言えば、そうとも言えないところがある。よく聞かれるのは、乩手はテレビの受像機のようなもので、受像機の受信状態が悪ければ映像が鮮明に映し出されないように、乩手の人間性や意識状態に問題があれば、神からのメッセージは正確に伝わらない、という解釈である。乩示の文章の巧拙は、乩手の知識程度を反映していると言う人もいる。神霊のメッセージが伝達されるにあたっては、乩手の腕ばかりでなく、心や脳までもが介在しているのだという考え方は、かなりの程度浸透しているのである。

「筆仙」の原理

では、実際のところ、扶鸞を行っているときの乩手は、どのような意識状態にあり、その状態を乩手自身はどのように感じているのだろうか。この問題を考えるにあたって、まずは香港の精神分析医プーンとマンの論文を参照してみたい。

高校生に広がる「筆仙」の流行現象について取り上げた彼らの論文によれば、「筆仙」は自己催眠体験の一種であると言い、そのメカニズムと行為者の精神状態を次のように分析している。

自ら催眠状態を誘発し、そうした状態へ自分自身を誘導していく自己催眠は、身体の特定の部位や特定の感覚への注意集中によって生じることが多い。筆仙の場合、注意集中はペンを支えている指先に起こる。二人の行為者がそれぞれ中指でペンの尻を、親指と薬指でペンの脇を支えるうちに、ペンが指から滑りおちてしまうような気がして、ペンを固定するために余分な圧力を加える。こうしたテンションが、その人の感覚に対する集中度を強める。また腕の肘はテーブルにつけてはならないとされているので、腕全体にかなりのストレスが生じる。こうして少しずつ行為者は、精神的、肉体的に腕と肉体が分離していく感覚を経験する。行為者は自分の腕が第三者、すなわち神霊に支配されているという感覚を持つようになるのである。また催眠の誘発は、多くの場合、口頭による言葉の繰り返しによって促進されるが、筆仙を招く時、行為者が繰り返し唱える呪文は同様の効果をもたらす。筆仙の催眠状態は、部分的、分離的なものであり、行為者は意識レベルの低下した深いトランス状態に陥ることはない。行為者の意識が覚醒していることは、ペンを動かしながら神霊と対話を続けることができるという事実が証明している。

筆仙の原理と行為者の意識状態についての以上の分析は、扶鸞の原理や乩手の意識状態を理解する上でも大いに参考になる。筆仙と同様、扶鸞も自分から自分を催眠状態に誘導していくことによって生じる自己催眠体験の一種であり、行為中の意識は、軽度で部分的な催眠状態にあるとは考えられないだろうか。

このことをさらに裏付けるため、私はかつて香港において、乩手を対象としたインタビューを行い、なぜ、どのような過程を経て乩手となったのか、また扶鸞を行っているとき、自分自身は肉体的、精神的にどのように感じているか、といった質問に答えてもらった。その内容は後で詳しく述べるが、少なくとも次のようなことがわかってきた。まず、乩手は決して自分の力で乩筆を動かしているのではなく、乩筆に何らかの力が働き、それに従いながら腕を動かしていると感じている。乩手は自分自身の意識は覚醒していると主張するが、発せられる乩示の内容は自分が思考したものではない、少なくとも自分の意識とは無関係であると信じている。

もちろん、乩手の中には全くのペテン師もいるかもしれないが、私が言いたいのは、少なくとも誠意ある乩手ならば、はたから見るほどいいかげんに乩筆を動かしているのでもなければ、口からでまかせを言っているのでもないということなのである。

乩手の「成乩」過程

では、乩手はどのような過程を経て、乩手となるのだろうか。扶鸞の技術は、一定の訓練を通して習得するものである。香港では、扶鸞を習得することを「学乩《ホッケイ》」、一人前の乩手になることを「成乩《センケイ》」と言う。乩手はいかなるきっかけから「学乩」し、いったいどのような過程を経て「成乩」するのだろうか。

筆者が調査した香港の道壇では、乩手が亡くなったり、別の教団にひきぬかれたりした時、または一人の乩手では任務をこなせないといった場合、信徒の中から候補者を選び、乩手を養成する。あるいは、扶鸞を学びたいと希望する信徒がいた場合、扶鸞を介して祖師の許可を得れば、いつでも習得できるというところもある。

神の許可を得ると、さっそく「学乩」を始める。「学乩」には特に決まった習得方法というものはなく、習得時間にも個人差がある。たとえば、乩筆を手にしたとたんすぐに動きだす人もいれば、三か月かかっても動かない人もいる。乩筆がすぐに動く場合は、それだけで「乩縁《けいえん》」（扶鸞との縁）があると認められる。だが乩筆がなかなか動かない、文字を描き出せないといった場合は、修行中の乩手は相当の葛藤を強いられることになる。乩手として一人前になったと見なされるのは、質問に対して、ある程度の長さの詩句でもって答えられるようになってからである。最終段階では、神の前で試験を受ける。いくつかの質問が出され、それに対して扶鸞を行い、乩示の詩句の美しさや内容の適切さを幹部が吟味する。最終的には、先輩乩手が神に伺いをたてるために扶鸞を行い、そこでよろしいとの答えが出れば、一人前の乩手、すなわち「成乩」となるのである。

乩手のプロフィール

私がこれまで香港や台湾で出会った乩手（鸞手）は三十名以上に及ぶ。そのうち女性の乩手は七名ほどである。年齢は四十代から五十代が最も多く、最年長は九十歳、最も若い乩手は三十三歳であった。一般に乩手は無給が建て前となっているため、大概の乩手は本業として別の仕事を持ち、仕事の合間にボランティアとして乩手を務めている。ただ、本業を持たず、所属団体から「利是《ライシー》」

（祝儀）という形で、実質的な給与をもらっている乩手も少なくない。

童乩が「社会の最下層に属する読み書きのできない貧民」と規定されやすいのに対して、乩手の社会階層や教育程度は多様である。比較的富裕な階層に属する人もいれば、貧しい人もおり、教育程度も、小学校卒業程度から高校卒業程度までと様々で、中には、香港大学を卒業し大学で英語を教えるインテリ女性乩手もいた。私はかつて彼女が乩手を務める扶鸞儀礼に参加したことがあるが、扶鸞を介していきなり呂祖から博士論文のテーマを尋ねられ、おまけに論文執筆のアドバイスまで賜り、まるで指導教授の研究室に呼ばれた時のように冷や汗をかいたものだ。

台湾の鸞堂で出会った鸞手は、慈恵堂《じけいどう》という瑶池金母《ようちきんぼ》を祀る宗教教派の扶鸞を除いて、すべて男性であった。鸞堂の幹部の話によれば、台湾の鸞堂では、扶鸞を学びたいという意欲を持つ者は、まず神に願い出る。許可が得られれば、四十九日間ずっと廟の中に籠もり、先輩鸞手がつきっきりで扶鸞のやり方を教えるという。女性でも、神の許可さえ得られれば学ぶことはできるが、四十九日間も廟に籠もることは既婚女性の場合むずかしく、また男性の先輩鸞手と寝起きをともにするにも不便が多い。女性の鸞手は、こうした理由からなかなか養成されないのだという。

ではここで、いったいどのような人々がどのような経緯で乩手となっているのかを見てみよう。以下のリストは、筆者が香港や台湾で出会った乩手（鸞手）のうち、自分が乩手になった過程や扶鸞とは何かということについて比較的詳細に語ってくれた乩手を選び、その簡単なプロフィールをまとめてみたものである。名前の後の団体名は所属道壇、年齢は調査当時（香港は一九九二年〜一九九四年、台湾は一九九七年）のものである。

①男性A。仁楓洞《じんぷうどう》仏道社（香港）。五十歳、元ホテルのバー・マネージャー、現無職。広州出身。仁楓洞では、もう一人の乩手（女性）の補佐役で、主に薬の処方を担当。

②男性B。信善礼儀玄観《しんぜんれいぎげんかん》（香港）。四十四歳、運送業。香港出身。母親が信善系列壇の一つ、信善三分壇《さんぶんだん》の熱心な信徒で、子供の頃から壇に出入りしていた。二十歳の時に扶鸞を学び始め、約三か月で習得。気功や内丹《ないたん》といった養生術に興味を持ち、よく道教経典の一節を吹き込んだテープを聞いている。彼の乩示には養生に関する内容が豊富に含まれている。

③男性C。信善紫闕《しけつ》玄観（香港）。四十八歳、元工員、現無職。広東出身。二十四歳の時、信善系列壇の前身、信善堂の創立者であり乩手でもあった父親の遺志を継ぎ、扶鸞を学び始める。二人の兄も紫闕玄観の乩手。

④男性D。新康済壇《しんこうさいだん》（香港）。五十七歳、製衣業。広東出身。済公を祖師とする康済壇の創立者であった父親の死を契機として、四十五歳頃から扶鸞を学び始める。伯父も康済壇の乩手。

⑤男性E。飛雁洞《ひがんどう》仏道社（香港）。四十三歳、元中学教師、現無職。香港出身。調査当時、入道して約五か月、扶鸞を学び始めてから一週間あまり。未婚。

⑥男性F。武廟明正堂《ぶびょうめいせいどう》（台湾）。五十五歳、元国民中学の物理の教師。台中の中国医薬学院を卒業しており、薬剤師をやっていたこともある。

⑦女性G。智玄精舎《ちげんしょうじゃ》（香港）。七十代前半、貿易商。香港出身。香港の名門女学校の卒業生。一九八〇年代始めに扶鸞を学び始め、一九九〇年に正式に乩手となる。

⑧女性H。玉清別館《ぎょくせい》（香港）。五十歳、主婦。上海出身。祖父、父、自身と三代続いたキリスト教徒だが、娘が思春期に憑霊《ひょうれい》の症状を示し、治療のために玉清別館を訪れる。娘の治癒を経て一九八三年に入信。乩手歴四年。

⑨女性I。抱道堂《ほうどうどう》（香港）。四十代前半、主婦、元飲食店勤務。香港出身。契爺《カイイエ》（儀礼上の義理の父親）が抱道堂の乩手で、勧められて扶鸞を学び始める。調査当時四か月半が経過。

彼らはいったいどのようなきっかけから、扶鸞を学び、乩手となったのだろうか。扶鸞を習得するという経験は、彼らにとってどのようにとらえられているのだろうか。ここに挙げた九人の話から、乩手の「成乩」過程が彼ら自身の言葉でどのように表現されているかをたどってみたい。なお、乩手とのインタビューはすべて広東語か北京語で行われた。以下の抜粋は、その人のキャラクターと会話の雰囲気を生かして翻訳してみたものである。

扶鸞を学んだきっかけ

乩手たちはいったいどのようなきっかけから扶鸞を習得したのだろうか。乩手に対するインタビューを始めた当初、シャーマンのライフヒストリーにつきものの「巫病《ふびょう》」と称される心身の異常体験や、ドラマチックな霊的体験を期待していた私にとって、乩手たちの答えはやや拍子抜けするものだった。「乩筆を持ってみたらたまたま乩筆が動き、興味を持ったから。」「扶鸞がどういうものか知りたかったから。」これが大方の乩手の答えである。扶鸞を始めるきっかけには、「面白半分」とか、「ものはためし」といった遊び感覚が伴うことはよくあるようであり、この点は小学生が行う「こっくりさん」と大きな違いはない。だが最初は遊び感覚であっても、乩筆が動き、まとまった詩句が生み出されるようになるには、扶鸞に対する強い好奇心とモティベーション、そして使命感が必要となる。とりわけ、乩筆を持ってみたらたまたま動いたという体験は、本人に乩縁を確信させ、扶鸞を習得しようとする強い動機として働く。

たとえば、女性Iの場合、道壇の乩手である契爺に勧められて、乩筆をとってみたら動いたという経験を契機としている。それ以前は、道壇に行くことはあっても信じていなかったという。当時、たまたま働いていた飲食店がつぶれ、暇をもてあましていた上に、夫とうまくいかなくなるなどの原因で気分が落ち込み、精神的なよりどころを求めていた。初めて乩筆を手にした感覚を彼女は次のように語る。

初めは、動くとは限らないよって言われて、それで筆を取り上げた。そしたら筆が自分で動くのよ。初めは筆の動きにあわせるっていうのがわからなくて、筆を沙盤に落としてしまった。自動的に動くのよ、なんて奇妙で、不思議なんだろうって思った。初めは遊びでおしまい。こんなに不思議なことって、自分で動くのよ。筆にあわせていかないと、筆が自分で落っこちてしまうの。そしたら、契爺がね、「よろしい。おまえさん、学んでごらん」って、私に教えてくれることになったの。扶鸞を学ぶように、何度も何度も勧められた。まあいいか、ちょうど働くところも無くなってしまったし、暇なんだからと思って、今までずっとやってきたわけ。(女性I)

また、乩手募集の際のいくつかの関門をくぐりぬけ、神からの許可を得ることで、乩手になる縁を確信する場合もある。女性Hが所属する玉清別館では、定期的に扶鸞を学びたい者を選抜する機会を設けている。志願者は、筶《ポエ》を投げ、勝杯《センプイ》を三回続けて出さなければならない。筶とは占いの道具で、片面が丸く、片面が平たい半月形の一対の木片を投げ、床に落ちたときにどちらの面が上を向くかで占う。勝杯とは、一方が曲面、一方が平らな面を向けた場合をいう。

私は好奇心から乩手の募集に申し込んだ。乩筆が動くのか、それとも乩手が動かしているのか、だって私たち普段はああいったことはできないでしょう、沙盤に触ってはいけないのだから。（選抜の方法は）五尺か六尺の高さに赤い縄をはり、男の子か女の子が筶を投げ、もし三回続いて勝杯が出れば、選ばれたということ、学ぶことが許されます。乩手に応募したのはたくさんいたけれども、勝杯が出たのは四人。男が二人、女が二人。……（中略）……（扶鸞を学び始めた当初）私は祖師（呂祖）にこう言ったの。「祖師、もし私がこのこと（乩手になること）を達成できたら、私はきっと誠心誠意、道の教えを広めます」って。（女性H）

このほか、壇の創立者である父親が亡くなり、その遺志を継ぎたい、壇を途絶えさせてはならないという思いが動機となっている場合などがある。男性Dの場合は、壇の創立者であった父親の死をきっかけとして入道し、扶鸞を学び始めた。男性Cの場合も、父親が乩手で澳門《マカオ》の自宅に沙盤があった。十三歳のとき、父親のいないのを見計らって自宅の沙盤を開け、乩筆をとり大人たちの真似をして試してみた。

興味があって遊びのつもりでやってみた。その時はとても怖かった。筆が一人でにものすごい早さで動きはじめた。離れることもできないし、乩筆を置くこともできない。（筆者：その時どんな文字を描いたんですか？）文字じゃない。なんだかわからない。（乩筆が）ずっと停まらないんだ。その時は本当に怖かった。それからはやらなかった。やろうとは思わなかった。（男性C）

次に彼が扶鸞を試みたのは一九六〇年頃、香港に出て仕事を始めてからのことである。その頃香港には親しい人もなく、行くところもなかったので、香港にある同じ系列の道壇に遊びに行っていた。彼はその壇で再び乩筆を手にした。

そのときは怖くなかった。壇内だったから。初めてのときは壇内じゃなくて自宅だったからね。やっぱり違うよ。……（筆者：その時の感じは？）ゆっくりだった。初めてのときよりずっとゆっくりだった。そのときは扶鸞を学びたいという人がたくさんいて、みんないっしょに試してみたんだ。人がいれば怖くない。……（筆者：その時は何と書いたんですか？）特に何もないよ。簡単な文字だけだ。私はその時まだ入道していなかったからね。（男性C）

男性Cが最終的に正式に扶鸞を学ぶことを決意したのは、一九六八年に他界した父親の遺志による。父親は死ぬ間際に彼を呼び、「祖師（呂祖）はおまえを入道させ、乩手にさせよと命じた」と告げた。彼はその言葉に従い、乩手になることを決心した。彼の場合は、興味を持つ――→好奇心でやってみる――→乩筆が動く――→父親の遺志と、いくつかのステップを経て、乩手になることについての強い動機づけが行われたことになる。

扶鸞習得のトレーニング

扶鸞を介して神仙に伺いをたて、学んでもよいということになると、一人前の乩手になるまで、練習を積まなければならない。たとえば、玉清別館とその系列壇では、四十九日間、毎日符を焼いた灰を水に溶かして飲み、決まった時刻に一定の時間、沙盤の上に乩筆を置いて呪文を唱え、肉食や性的行為を慎むこと、とされている。玉清別館のように成文化しているところは少ないが、同じような訓練とタブーを課している道壇は少なくない。

四十九日間、毎日同じ時間に一時間練習した。奇妙なことに、時計も見ていないのに、一時間が経つと乩筆が停まる。もし遅れて始めた場合でも、時間になれば筆は停まってしまう。また四十九日間毎日符を食し、咒《じゅ》（呪文）を念じた。（女性G）

台湾の鸞堂でも同じような訓練を課している。男性Fは、扶鸞を学ぶようにとの命を受け、正鸞生になる訓練を受けた。四十九日間ずっと廟の中にこもり、斎食《さいしょく》（肉食を絶つ）し、呪文を唱えながら練習した。一日目、筆はまったく動かなかった。二日目、まだ自分の意識があると感じた。三日目、筆が突然跳ね上がり、沙盤の上に叩きつけられた。四十九日後には砂の上に字が書けるようになった。

このほか、志願者が沙盤の前や壇内で「跪《ひざまず》く」「座る」などの行為を繰り返し行うこともある。女性Iは、扶鸞を学び始めてから、毎日夜中になると窓辺に跪いた。朝方四時四十五分になると、疲れて起き上がる。時間を計っているわけではないのに、起き上がると、必ず時計は四時四十五分を指していた。そういう生活を一か月くらい繰り返した。また男性Aは、一定の期間、毎日座禅して「修定《サウデン》」(心を落ち着かせる)に努め、「心静《サムジエン》」の状態になるように努めた。練習を重ねるうちに、乩筆は沙盤の上をゆっくり動くようになる。ところが、なかなか乩筆が動かず悩むケースもある。

乩筆を持って、おれは毎日四時間は(沙盤の前に)座ったよ。少なくともね。昼間は仕事があるから夜座るんだ。三か月ずっと座り続けても、(乩筆が)動かないんだ。普通、誰でも十五分から二十分もすれば動くものだ。ところが、毎日四時間座っても動かない。で、おれは心の中で言い聞かせた、きっと乩筆は動くって。……(中略)……「学乩」ね。「学」じゃない、「修」といわなくちゃ。「学乩」ってのは「修心《サウサム》」(心を修める)と同じだよ。座って心の中の雑念を無くす。つまり座禅と同じさ、原理はね。みんながみなすぐ(乩筆が)動くわけじゃない、ほんの少数さ、すぐに動くのは。どうしてすぐに字まで書ける奴がいるのかって? おれの知ってる兄弟《あにで》子《し》がそうだった。どうしてそいつがそうなのかって、それはそいつが前世で道を学んでいたからさ。（だから）この世では乩筆を置いたとたんに字が書けてしまうんだ。前世で道を学んだ事のない者は、この世では時間がかかる。（男性D）

男性Dの場合は、人の病気を治したいという強い動機に促され、トレーニングを続けた結果、乩筆は動いた。扶鸞の習得には、あきらめずに続けるという継続性が重要であることがわかる。扶鸞を学んでも乩筆がなかなか動かなかったり、文字を書き出せなかったりすると、結局はやめてしまう場合が少なくない。そうした人々は、乩手になれなかった理由を「乩縁がなかった」と自己分析する。一方、周囲の信徒の中には、乩手になれなかった人を評して、「彼（彼女）は邪《よこしま》な心があったから乩手になれなかった」と、当人の道徳性と結びつけて解釈しようとする人々もいる。

神意を受け取る

扶鸞を学び始めた当初、乩筆はただゆっくりと動くだけだが、しばらくすると、志願者は突然、ある力、あるいはひらめきのようなある種のインスピレーションを受け取る感覚を味わう。これをきっかけとして、沙盤に文字を描くようになったり、天からの声を聞いたりするのである。

この何かを受け取る感覚は、ほとんどの乩手が言及している。感覚の説明のしかたは人によって違うが、少し宗教的な知識のある乩手は、この感覚を「感応《かんのう》」という言葉で表現する。

男性Aの解釈によれば、乩手が沙盤の前に立ち、乩筆を持って聖仏仙師の授けた咒あるいは口訣《こうけつ》（口伝の秘法）を一心に唱え、誠意をもって敬えば、天と人の意識が合一する。その時、一瞬にして、まるでテレビ受像機のコードが電源に差し込まれるように、乩手の陰極の気は天上の仙仏の先天の気、つまり陽極の気に接合する。すると乩手は電波と同じような感応を受け取り、脳裏に何らかの意識や声がしてそれが乩手に伝わり、文章が描き出されるのだという。

男性乩手は、こうした感覚を「電波の作用」「気の流れ」「磁力」といった、物理的な言葉で表現する傾向がある。

一種の磁石みたいな力があって、指先に磁力が働いているような感じだ。それは一種の力であって、私をひきずり動かして行く。動けばそれについていく。だから初めの頃はゆっくりだ。それがどこに行くのかわからないから。心の中でそれといっしょに力をあわせる。だんだんと習熟していくにつれ、感覚は速くなってくる。自分でも速くなったのがわかる。電波がつながったってやつだ。書いたり、描いたりしているのは、少しずつ少しずつ伝達されてくるような感じだ。（男性C）

（扶鸞の最中は）気が入ってくるのを感じます。気は頭から入ってきて、全身を駆け巡り、手から出ていく。そして乩筆を動かす。……（中略）……実際のところ、沙盤に書き出されるのは字ではありません。円を描くだけ。円を描くっていうのは、気が動いているということなんです。（筆者：ではあなたが発する乩示はどこから来るんですか？）キャッチするんです。脳が感じ取るんです。聞くわけではありません。（男性E）

一方女性乩手は、こうした感覚を「乩神《けいしん》が降りる」「令《れい》を受け取る」といった表現で語っている。

最初は字は書かれない。筆が動いていく、すべるように。私たち、筆を握っているんじゃない、両手は支えているだけ。筆が手を動かす、ゆっくりゆっくり、円を描いて、そして一つの文字になる。（初めての文字は）「忍」の字だった。私にこの文字を見せて、入道したのだからがんせよ、ってことだったのね。扶乩は乩神が教えてくれるのよ。……筆を一人で支えていると、たちまち乩神が来る。乩神が来なければ筆は動かないわ。もし自分で筆を動かしたら、とても重いの、でも神仙が来ると軽くなる。その乩神は姓は孔といったわ。孔子の孔よ。孔真人という乩神よ。（女性H）

初めの頃、まだ令が下されていないとき、筆は円を描いている。ひとたび令が下されると、よろしいっていうことでサーサーっていう音がする。筆の動きに手をあわせて、もし筆の動きについていかなかったら、筆は手から離れてしまう。……（中略）……（乩手になるには）必ず縁がなければならない。乩縁が一番大事。学歴？ 全く字を知らなくたって大丈夫。学歴が低くて、字を知らない、読み書きのできない乩手もいるそうよ。字を全然知らなくたって大丈夫。乩縁がありさえすればいい。縁があれば受け取れる。感受できる。その令をよ。（女性I）

乩手の意識状態

最後に、扶鸞を行っている時、乩手が自分の意識状態をどのように感じているのかについて見てみよう。扶鸞を行っている時「自分というものがなくなる」（女性G）、「忘我状態」（女性H）ともいうが、実際にはそれほど意識レベルの低い状態というわけではないようである。というのは、乩手は乩筆で文字を書きながら、それがどういう文字かを一瞬にして判断し、記憶するという作業をやっているからである。また一つのまとまった詩句が見えるという、視覚的なイメージを持つ人もいる。

潜在意識の中で、何を書いているのか、何画か、どういう字か、一つ一つ覚えていくの。だからとても敬虔な気持ちよ。とても敬虔な気持ちで覚えていく。書き出された文字が何という字なのか、あるいはどう書くのか。その字を知らなくても覚えておかなければならない。頭の中にね、記憶する。筆が書いているものを知らなくても、書き出して、たとえばまわりの人が知っているということもあるでしょう。どうやっても覚え込む。そう、一文字、一文字、覚え込んで筆が止まるまで、それで一句よ。もし六文字、七文字みんな知っているなら、一句全部を隣の人（文書のこと）に言って書き取ってもらう。もし知らない（読み方がわからない）文字があったら、隣の人に（その筆跡を）書いてみせる。（女性H）

たとえば一句思い浮かんだとするでしょう。私には見える、ちょうど脳の中に四文字あるいは五文字が見えるの。でも私はその字を知らないから、読み上げることができない。まるで一つの景色を見ているみたい、でもすぐに忘れてしまう。……（中略）……（たとえば薬の処方の場合）ああいう（漢方の）薬草の名前をどう書いたらいいかわからないでしょう。祖師やほかの神が私に薬の名前を示してくれるのに、私はその名前が言えない。（女性I）

多くの乩手が自分の意識は覚醒していることを自覚している。そしてある時には自分の意識が乩示に影響を及ぼすのではないかと危惧し、またある時には自分自身の意識と乩示の内容との乖離にとまどう。

扶鸞を行っているとき、自分ははっきりしている。平常と同じ、変わらない。魂が出ていってしまうなんてことはありえない。そういうんじゃない。普通の人と同じ。まわりの人が言ってることも聞き取れる。だって完全に「清醒《チエンセン》」（はっきりと醒めている）の状態なんだから。……（中略）……問事《もんじ》（神託を問うこと）に来た人が何を聞こうと気にしちゃいけない。もし何を聞いたのか、少しでも考えたら（乩示は）正しくなくなっちまう。……（中略）……（ある日突然足が立たなくなり、まったく歩けないという老女のために）扶鸞を始めると、一分もたたないうちに「三日後好」と出た。つまり四日めにはよくなるっていうんだ。おれは兄弟子に言ったよ。「なんてこった！ 三日後にはよくなるって？ 歩けないいんだぜ。おれは信じない。おれが自分で書いていても信じない。」（男性D）

三か月後、彼は患者の娘にばったり会った。娘の話によると、老女の足は四日めにはすっかりよくなり、玄関を掃除していたということだった。それは、彼が扶鸞を学んでから三年目のことだった。

霊学会の扶乩論

一九一七年、上海に創設された「盛徳壇《せいとくだん》」という乩壇は、「霊学会《れいがっかい》」という心霊主義サークルを結成していたことで知られているが、ここに集まった知識人たちも、扶鸞の原理や扶鸞を行っている時の乩手の意識状態について強い関心を持っていた。霊学会が刊行していた『霊学叢誌《れいがくそうし》』（天理大学図書館蔵）という雑誌には、扶鸞に関する疑問に対して、神仙が扶鸞を介して答えるという形をとった扶乩論がいくつも掲載されている。

ある日、霊学会の信徒は次のように尋ねた。「神霊が降壇し、乩示を下すのは、人の手を用いているのですか。それとも人の神経を利用しているのでしょうか。その時神はどのような状態にあり、鸞手の身体には何か変化はあるのでしょうか。」これに対して、神仙は次のように答えている。

「神は乩（筆）に憑くのだろうか。いや乩に憑くのではない。人に憑くのか。いや人でもない。人が手で乩を持つと、手と乩が相応じる。すなわち心と神が相応じるのである。感応するゆえんとは、心に在って、手に在るのではない。誠に在って、習に在るのではない。誠の者はその神経が敏であるがゆえに神を感じるのもたやすい。誠でない者はその神経が蔽《へい》（鈍《にぶ》い）であるがゆえに神を感じるのも遅い。……（中略）……神が来た時、感応には五種類ある。一、手が震える。一、肘がとどこおる。一、精神が清らかになる。一、心が和む。一、頭がはっきりする。この五つがそろえば真の感応である。そのきざしを見極めるにも五つある。一、乩が重く感じる。一、乩が活発に感じる。一、乩が飛ぶのを感じる。一、乩が旋回するのを感じる。一、乩がはなれるのを感じる。この五つこそ乩のきざしである。ゆえに扶乩の道は自ら試してみなければ、その妙理を知ることはむずかしい。」

（『霊学叢誌』第一巻第八期）

ここでは、感応と呼ばれる状態がいかなるものか、また感応の状態にあるとき乩手によって支えられた「乩（筆）」がどのような状態になるのかを説明している。ここで描写されている感応時の精神状態や五つのきざしは、私のインタビューに答えてくれた現代香港の乩手たちの経験とも、明らかに共通点がある。

宗教的「行」としての扶鸞

ヨガや座禅などの宗教的「行《ぎょう》」によってもたらされる催眠性トランスは、思考を停止し、行動の目標をはっきりと与える「暗示」、一つの事物に精神を集中させる「注意集中」、単純な行動を繰り返す「反復練習」と「持続」、心を沈静化させる「調心」あるいは「瞑想」などによって獲得できるとされる。催眠性のトランス状態にある人は、感受性が強くなったり、直感力が鋭くなったりすることがあり、時には、超感覚的な知覚や、念力のような特殊な能力が開発されることもあるという。

扶鸞の習得過程は、座禅やヨガの修行ほど体系化・理論化されているわけではないが、自己催眠に誘導していくための反復的な動作や、注意集中の訓練が組み込まれている点で、こうした宗教的「行」と共通する要素がある。扶鸞を行っている際に生じる感覚や感受性の鋭角化を、ヨガや座禅などの宗教的「行」によって獲得される催眠性トランスと同種のものと見なすことは可能であろう。

最後に、扶鸞の習得が、扶鸞を学ぼうとする人にとってどのようにとらえられているかを、成乩過程において強調される言葉に注目しながら、もう一度おさらいしてみよう。扶鸞を行うには、「修心」「修定」に努め、「心静」の状態にしなければならない。「心静」になれるかどうかは天分もあるが、「煉習《れんしゅう》」「修煉《しゅうれん》」「煉功《れんこう》」などの修行を積むことによって達成できる。これらはすべて道教的な修行を意味する用語である。要するに、扶鸞の習得は道教的な身体技法の一つとしてとらえられているのである。こうした過程を経て、ある日、乩手は乩筆を持つ手や腕に特殊な感覚を覚えたり、一瞬のひらめきのようなものを受け取ったりする。乩筆が軽くなり、自分の意思とは無関係に動き出す。これらの感覚こそ、天の神々との「感応」の証である。天と感応できるかどうかは、「乩縁」の有無や乩手の前世の因縁によるとも説明されるが、結局のところは、乩手の心のありように帰すると考えられているようだ。『霊学叢誌』も次のように言っている。「一に誠ならず、二に敬《うやま》わず、三に篤《あつ》からず、四に習わず、五に闡《ひら》かず、六に願わず、これすなわち無縁（乩縁がない）のゆえんである。」（第一巻第八期）

第二章

香港の道壇と扶鸞信仰

1　扶鸞との出会い

予備調査のはじまり

私が初めて「扶鸞」とはどういうものかを知ったのは、一九九一年十二月、香港の道教団体の一つ「信善紫闕玄観《しんぜんしけつげんかん》」（以下「紫闕玄観」と略称）を訪ねた時のことだった。「紫闕玄観」を訪れたのは、たまたま私が「紫闕玄観」が発行する冊子を入手していたからである。当時、大学院の博士課程に在籍していた私は、香港の民俗宗教、特にシャーマニズムについての長期的な現地調査を行うつもりで準備を進めていた。香港の宗教についての先行研究は乏しく、入手できる情報は限られていた。香港は三年前に中国からの帰国途中に立ち寄ったことはあったが、知り合いと呼べる人はほとんどいない。あの高層ビルが乱立する大都会で、調査を受け入れてくれるような宗教団体をいったいどうやってさがしたらいいのだろう。情報もつてもないまま途方に暮れていた時、ある先生がこんなところがありますよと見せてくれたのが、「紫闕玄観」の冊子であった。

冊子は厚さ五ミリ程度の薄いもので、ページを開くとぼやけた心霊写真のような人の顔がいきなり現れた。これこそ、その後紫闕玄観の祭壇でしょっちゅう向き合うことになる呂祖《りょそ》の「顔写真」（ということになっている）だったのだが、最初に見た時はなんとなく不気味な感じがして、思わず冊子を閉じてしまった。

紫闕玄観発行の冊子に載せる呂祖の「顔写真」

冊子を貸してくれた先生の話によれば、新界《しんかい》のニュータウン沙田《サーティン》で開かれた太平清醮《たいへいせいしょう》という地域の祭礼で、ある道教団体の信徒たちと知り合った。信徒たちは気さくで、誘われるままに九龍《きゅうりゅう》の街中にある彼らの壇を訪ねたところ、そこでは呂祖を祀り、扶鸞というシャーマニズムの一種をやっていたという。当時の私の乏しい知識では、呂祖と言われても八仙の一人であるというくらいの認識しかなく、扶鸞については想像すらできなかった。だが扶鸞が中国のシャーマニズムの一種だと言われれば、これはもう見てみるしかない。私は意を決し、冊子の奥付に書かれた道壇の住所に宛て、「私は日本人の学生で、道教について勉強しており、ぜひ貴観を参観したい」という趣旨の中国語の手紙を書いて送った。

正直なところ返事は期待していなかったのだが、思いがけないことに、半月くらいしてその道教団体から「どうぞおいでください」という内容の短い手紙が届いた。私はこの手紙に大変勇気づけられ、今度の香港旅行では必ずこの道壇を訪ねようと決心した。

出発はクリスマスのハイシーズンを避け、安い航空券が手に入る十二月初めに決めた。さっそく、紹介してもらった幾人かの元留学生や、大学の教授を訪問する手はずを整えた。友人から譲ってもらった香港の市街地図で、訪ねるべき廟や道観の位置を確認した。紫闕玄観の位置する九龍の深水埗《サムスイポー》地区もその一つであった。

九龍のダウンタウン「深水埗」

ところが、当時私に広東語を教えてくれていた香港人留学生の林《りん》さんは、私が深水埗に行くと言うと、「深水埗？　危ないヨ、気をつけたほうがいいヨ」と言うのである。林さんが「最近銀行強盗多いヨ」と、香港の治安の悪さをさんざんふきこむので、香港マフィア映画にはまっていた私は、一気に不安に陥った。「まさか、深水埗で銃撃戦にまきこまれたりしないよね!?」すると林さんは「それは大丈夫。深水埗は銀行強盗が住んでるところだから、家の近くの銀行は襲わないヨ」と、人をよけい不安にさせるようなことを言うのであった。

林さんの話にはかなり誇張が入っているとはいえ、深水埗は確かにイメージがいいとは言えない地区である。オフィス街の中環《セントラル》や、新界のこぎれいなニュータウンと違って、ディープな裏町の匂いがする。コンクリートと鉄でできた粗大ごみのような古いビルが密集し、街路は青空市場と化している。老朽化した建物は家賃が安く、貧しい新移民や外国人労働者が多く住みつく。銀行強盗のアジトがあるかどうかは定かではないが、深水埗の雑居ビルで、不法滞在の外国人娼婦や犯罪者が摘発されたという新聞記事を見たことは何度かある。許可無く路上で店開きする屋台と警察のいたちごっこも日常茶飯事である。

もっとも、深水埗の名誉のために言わせてもらえば、香港に滞在していた一時期、数か月間深水埗の信徒の家に居候させてもらっていたことがあるのだが、その時は、深水埗が特に治安が悪いと感じたことはなかった。深水埗はほとんど観光客が足を踏み入れないところなので、観光客目当てのスリや強盗にお目にかかることはめったにない。地元民に溶け込んで暮らしていれば、むしろ安全と言ってもいいかもしれない。

だが、香港初心者であった当時の私にとっては、深水埗は一人で足を踏み入れるには少々勇気がいる場所であった。広東語は勉強していたが、飲茶《ヤムチャ》や粥屋で注文するならなんとか、というレベルである。電話も自信がなかったので、知り合いに頼んで紫闕玄観に問い合わせてもらうという体たらくであった。知り合いの話では、なんでも毎夜何やら宗教的な集会が開かれているらしい。昼間ならまだしも、夜遅くに一人でそんな危ない地区をうろつき、しかも得体のしれない宗教団体に乗り込んでいかなければならないのだ。狂信的な教祖が出てきて洗脳されたらどうすればいいのだろうか。まさかそのまま拉致されて秘密結社の人身売買ルートで売り飛ばされたりしないだろうか。悪い連想ばかりが次々と思い浮かんだ末、とうとう香港中文大学の教授に紹介してもらった男子学生に、通訳兼ガイド兼ボディ・ガードとしてつきそってもらうことになった。

ところが、学生と約束した前日の夜、学生から都合が悪くなったという連絡が入った。やむをえない用事のようだった。しかたがない、この日は出かけるのをあきらめようかと思ったが、わざわざ香港まで来ていながらみすみす機会を逃すのかと思うと、いてもたってもいられなくなった。大丈夫、なんとかなるだろう。私は突然大胆になり、思い切って一人で訪ねてみることにした。

紫闕玄観を目指す

集会が開かれるという夜八時に間に合うように、私は夕方少し早めに地下鉄の深水埗の駅に降り立った。出口を適当に探し、階段を上がり地上に出る。そのとたん、私はやっぱり一人で来るのではなかったと後悔した。いきなり足を踏み入れた深水埗の通りは、思っていた以上にすさまじい喧騒と熱気にあふれていたからだ。出口付近の街路は、あたりかまわず道端に品物を広げて売る商売人とそれをとりまくお客でごったがえしていた。品物は電気関係の部品、海賊版のCD、Tシャツ、目覚し時計、金物類もあれば、何に使うのかよくわからないがらくた類も並んでいる。食べ物を売る屋台からはむせかえるような独特の匂いが鼻をつく。匂いのもとがドリアンと蝦醬《ハージョン》（小エビを発酵させて作る調味醬）だと知ったのは、後に足しげく紫闕玄観に通うようになってからのことだ。

深水埗界隈の露天商

十二月の香港は日本よりは少し日が長いとはいえ、夜七時を回って、空はすでに薄暗くなりかけていた。道沿いには生肉の塊を吊るし切りする肉屋や、干魚の匂いが充満する乾物屋、線香や紙銭《しせん》（祭祀に使う紙製のお金）を売る商店、煎じ薬の匂いがぷんぷんする薬屋などが軒をつらねている。行きかう人々はみな英語はおろか、北京語さえ通じそうもない人たちばかり、店員とお客のやりとりは荒っぽく、たどたどしい広東語で道など尋ねようものなら怒鳴り返されそうな勢いである。

幸い、通りにはすべて名前を記した看板が掲げられていたので、道を尋ねる必要はなかった。持ってきた地図で通りの名前を確認しながら進むと、まもなく「茘枝角《ライチーコック》通り」という大きな車道に出た。この通りを渡って二つ目の通りが、目指す道教団体のある医局街のはずだ。

医局街に入ったとたんに人通りが少なくなったため、一時ほっとしたが、今度は急に道が暗くなった。後で知ったことだが、このあたりは倉庫や問屋が多く、夜はほとんどシャッターを閉めてしまう。医局街の名前は、現在もこの通りで診療を行っている古い「公立医局」に由来する。

医局街を歩いていくと、まもなく古い廟があった。後に、この廟が「天后《てんこう》」または「媽祖《まそ》」と呼ばれる航海や漁業と関わりの深い女神を祀る廟であり、かつてはこのあたりまで海が広がっていたことを知った。海岸線の埋め立てが進んだ現在ではもはや想像もできないが、つい三、四十年前までは、ここからほど近いところに埠頭があり、停泊する大小の船と立ち並ぶ屋台で大いに賑わったのだという。医局街もその頃はもっと活気のある通りだったのだろう。

雑居ビルの中の道教団体

天后廟を過ぎ、医局街の番地を確かめながら歩いていると、通りに面した入口に「信善紫闕玄観」と書かれた看板が、ぼーっと灯っているのを見つけた。間違いない。目指す場所は、この建物の最上階の六、七階にある。建物は戦後まもなく建てられたとおぼしき雑居ビルで、相当老朽化している。エレベーターなどはもちろんないので、勾配の急な狭い階段を一歩一歩上っていく。階段はあまりにも急だったので、五階あたりで私は早くも息が切れてしまった。途中の階は普通の住宅になっているらしく、鉄の扉の隙間から、祖先や神像を祀る中国式神棚の赤い電球が見える。

息を切らしながらなおも階段を上っていくと、六階の踊り場の壁に小さな祠《ほこら》がしつらえられているのが見えてきた。どうやらここが入口らしい。この祠には上部に福徳正神《ふくとくせいしん》や招《しょう》財童子《ざいどうじ》、下部に門神《もんしん》が祀られている。階段を上がってきた信

「信善紫闕玄観」の看板

「信善紫闕玄観」の入口の「福徳祠」

「思親堂」の壁面の「霊位」

者はここで一息つき、軽く神さまに向かって拝礼する。この「福徳祠《ふくとくし》」をはさんで北側の部屋は「思親堂《ししんどう》」と呼ばれ、死者の写真と名前が焼き付けられた「霊位《れいい》」（死者の位牌）が壁一杯に貼られている。南側の部屋は作業場になっており、作り付けの戸棚には、扶鸞で処方する薬草が何十種類も保管されている。ここでは毎夜八時過ぎになると、手伝いの信徒たちがやってきて、乩示の処方箋に従って薬を量ったり、念経の練習をしたりしている様子が見られるのだが、初めて訪れた時は、時間が早かったためか、どの部屋も扉が固く閉じられていた。しかたがないので七階に上がってみる。

住宅事情のきびしい香港ではよくあることだが、紫闕玄観のあるビルは実は六階建てで、七階は屋上に建物を継ぎ足した構造になっている。七階――実際には屋上――は、呂祖が祀られている本殿（呂祖殿）と厨房に分かれており、残りの空間は屋根のついたテラスになっている。

とりあえず話し声のする方向へ向かっていくと、そこは厨房で、数人の中年女性がテーブルを囲んで食事をしている最中だった。私が入っていくと、彼らはいったい何者が入ってきたのかというようにいっせいに警戒の目を向けた。私は一瞬ひるんだが、名刺を出して挨拶し、覚えてきた自己紹介の文句を発しようとした。ところが、急な階段を一気に上がってきたばかりで、息切れしているためか、言葉がうまく出てこない。「私は日本人で、手紙を出して、返事をもらって」というようなことをしどろもどろに訴えたが、女性たちはうさんくさげに「アー？」と聞き返すだけである。

「まったくねえ。あのときはほんとに鶏同鴨講《ガイトンアップゴン》（鶏と鴨のおしゃべり。お互いに言葉が通じないことのたとえ）だったよ」と、その後親しくなった秀芳《サウフォン》ばあちゃんは、その夜のことを繰り返し語っては愉快そうに笑ったが、私にとっては笑い事ではなかった。口で言っても埒《らち》があかないと考え、私は切り札とばかりに紫闕玄観から届いた手紙を取り出して見せた。それが効を奏したのかどうか、まもなく私はその小柄なおばあさんに促され、もう一つの部屋、すなわち呂祖の祀られている本殿に通された。

部屋に入ると、通りに面した窓際に、受け付け兼総務の担当者が座る大きな事務机がある。その手前には小さな椅子と机があり、数人の男女が座ってピンク色や白の用紙に何やら熱心に記入していた。どうふるまってよいかわからないままに、私もその椅子の一つに座った。ピンク色の用紙は「求方表《きゅうほうひょう》」「叩事表《こうじひょう》」といって、神仙からの指示を仰ぎたい問題について記入する。白い用紙はといって、中薬の処方箋を出してもらいたい場合、症状を記入する。いずれの用紙にも当人の名前、住所、生年月日（旧暦）を記入する。記入し終えると、用紙は扶鸞儀礼の進行係を務める信徒に渡す。

私が珍しそうに部屋の中を見回していると、おばあさんは不思議そうに私を見て言った。「あんた、何も尋ねないのかい。これに書き込めばいいんだよ。」おばあさんは私のことをはるばる日本から呂祖の乩示を求めてやってきた信者だと思ったのだろう。私はあわてて「私は信者ではなくて、見学に来たんです」と説明したが、どうも通じていない。正直に言えば、私が扶鸞儀礼に参加することを躊躇したのは、「いったいいくらぐらいとられるんだろうか」という不安が脳裏をよぎったからである。その前日黄大仙祠《こうたいせんし》で、北京語ができるという触れ込みの占い師のところで四百ドル近くぼったくられたため、シャーマンに診てもらうのだったら、そんな程度ではすまないだろうと咄嗟に考えたのである。するとおばあさんはそんな私の心を見透かしたかのように、ぼそっと「お金はいらないんだよ」と言った。用紙をよく見てみると、確かに「分文不受」（一文たりとも受け取りません）と書いてある。タダと聞いて、現金な私はすぐその気になった。

紫闕玄観の扶鸞儀礼

さて、自分も何か尋ねてみようと思い立ったものの、いったい何を聞いたらいいのか、すぐに思

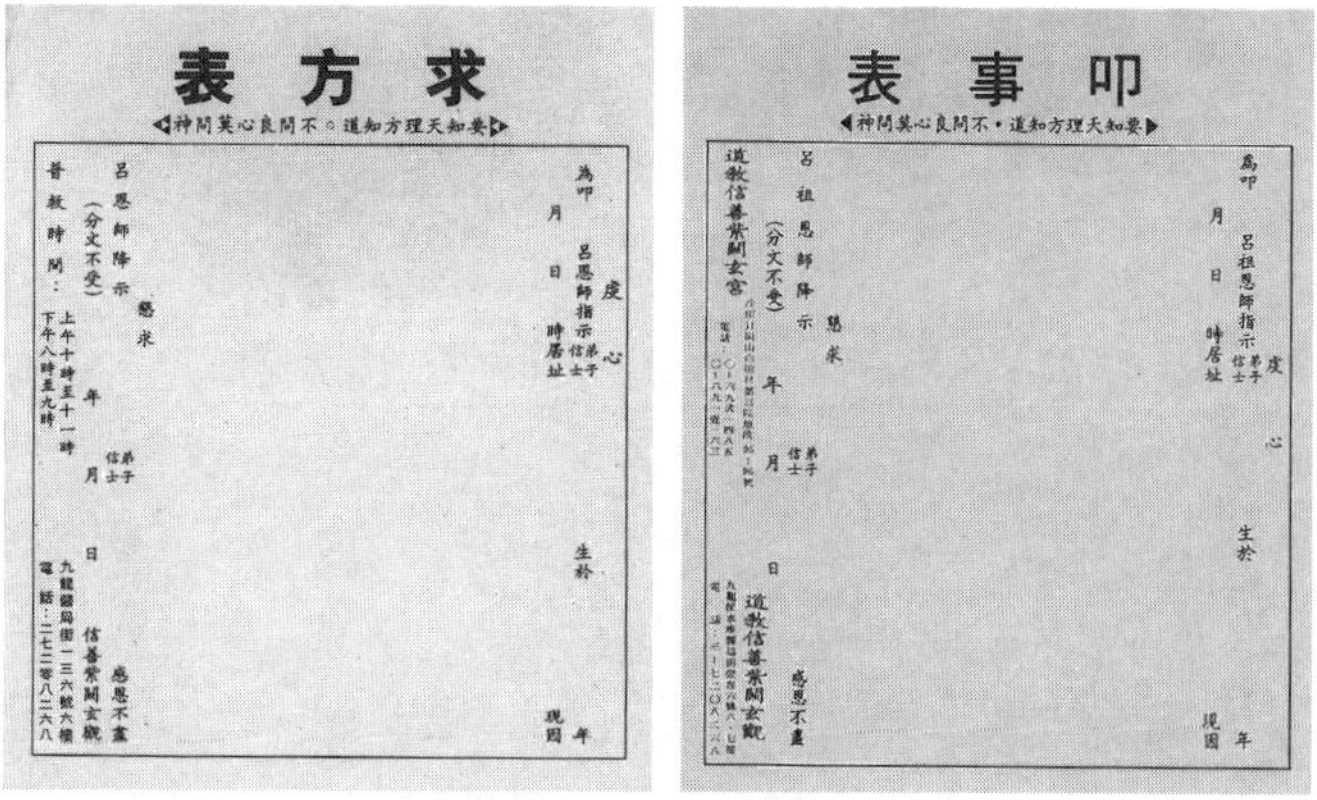

叩事表（右）と求方表（左）

いつかない。普通は転職してもいいか、事業はうまくいくか、結婚相手は見つかるか、引っ越してもいいか、そういったことを聞くのだが、こちらは既婚の大学院生で、就職の予定は当分ないし、結婚相手はすでにいるし、引っ越しの予定もない。ならば適当にそれらしい質問をでっちあげて書いてもよかったのだが、融通のきかない私は正直に、その時一番気にかかっていたことを、中国語で次のように書いた。「①来年から私は中文大学に留学し、中国道教について勉強したいと考えています。私の計画はうまくいくでしょうか。」「②留学した場合には夫と一年以上も別居状態となりますが、私たち夫婦の間に溝は入らないでしょうか。」今読み返すと赤面物のこのピンクの紙は、今も私のフィールドノートにはさんである。

叩事表を書き終え、あらためて壇内を見回すと、一般信者が座っている一隅の反対側に、神を祀る祭壇が置か

紫闕玄観の祭壇。中央に呂祖の「顔写真」が見える

れていた。祭壇の中央には、例のぼやけた顔写真が飾られている。最初見たとき心霊写真かと思ったその像こそ、信善紫闕玄観の信徒たちが祖師として崇める呂洞賓——通称呂祖——の像なのだと知った。

祭壇の左横に眼を移すと、小さな四角い机のようなものが置かれている。よく見るとそれは机ではなく、縦横八〇センチ、高さ二〇センチくらいの木箱に足がついたものであった。しばらくすると一人の中年男性がやってきて、木箱の横に立ち、蓋を開けた。蓋をとると、白い砂が撒かれたボードと、その上に斜めに置かれたT字型の細い棒と白い板が現れた。私が見入っていると、白い砂が撒かれたボードは「沙盤」、T字型の棒は「乩筆」というのだと、まわりの信徒が教えてくれた。男性は、T字型の乩筆の先の突起部分を沙盤の真ん中あたりにつけ、両手の人差し指と親指で柄の部分を支えるように乩筆を捧げ持つ。彼こそ扶鸞を行う霊媒、すなわち「乩手」であった。

沙盤の右隣には小さなテーブルと椅子が置いてあり、別の男性がやってきて座った。男性の前には普通の大学ノートとボールペン、それと信善紫闕玄観の文字が入った大きめのメモ用紙が置かれている。

柱時計が鳴り、八時になったことを告げた。ここの信徒らしい人々が十数人、三々五々集まってきて、祭壇の前に並ぶ。さらに足元まで隠れる濃紺の道袍《どうほう》（道士がまとう長い着物）を羽織った二人の男性がどかどかと入ってきて、最前列に跪く。祭壇の右側に立った女性が符を燃やし始める。これを合図に、二人の男性は跪いて拝礼し、「敬茶」と「敬酒」（神に茶と酒を捧げる儀式）を行う。祭壇の前に並んだ信徒たちも三跪九拝《さんききゅうはい》した後、跪き、手を組む。

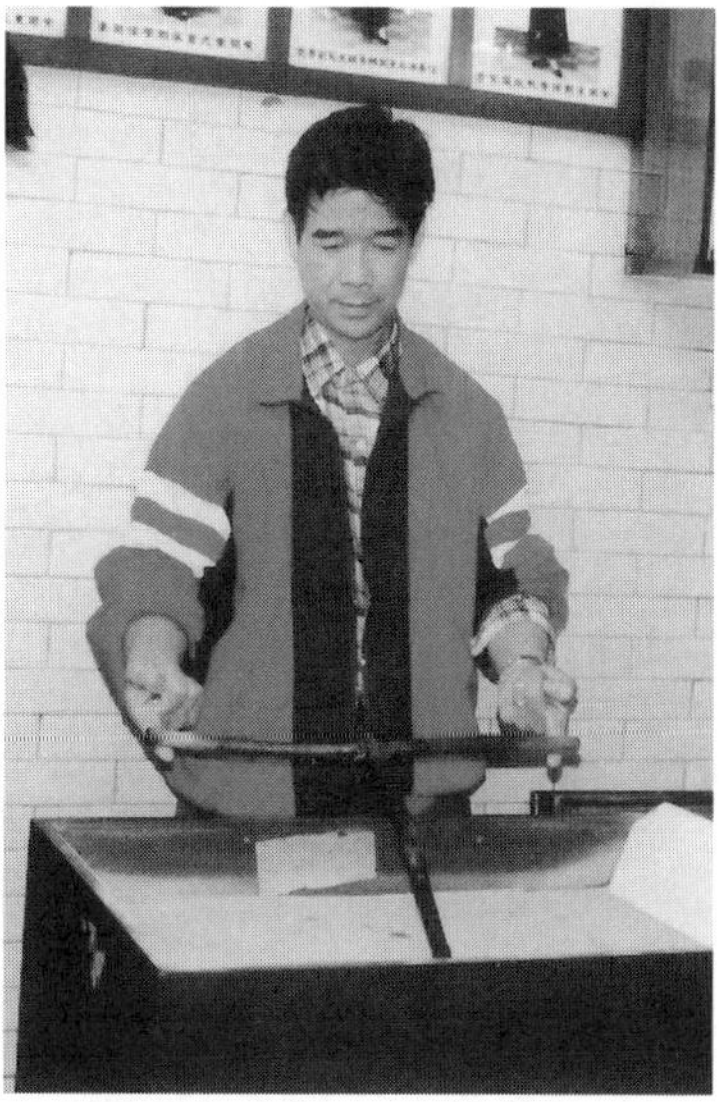

乩筆を手にする乩手

突然、乩手が支えている乩筆が、砂を敷いた沙盤の上をゆっくりと、シュルシュルという軽い音を立てて動き始めた。初めて扶鸞を見る私は、乩手の腕の動きと表情に注目した。最初はゆっくりと円を描くようだった乩筆の動きが、突然素早くなった。

人差し指と親指で支えただけの乩筆が、これほど自在に、これほど素早く動くとは驚きだった。しばらくの間、乩筆と沙盤がこすれあう音だけが部屋の中に響いた。乩筆を動かしている間、乩手は目を閉じるでも恍惚とした表情を見せるでもなく、まったく普通の様子である。

沙盤の上を滑ったり跳ねたりしていた乩筆が突然停まった。すると乩手は、よく通る声で抑揚をつけながら、五文字や七文字から成る一つの句を一気に朗読する。それを隣に座った男性が大学ノートに書き取っていく。それが終わると、乩手は自分で白い板をとり、すばやく砂をならす。乩手が再び乩筆を手にするやいなや、乩筆が沙盤の上で自在に動き出す。しばらくすると乩手は手を止め、もう一句朗読する。これを数回ほど繰り返した後、乩手は乩筆を置く。ノートに書きとめられた乩示は、その日集まった信者全体に向けられた呂祖の訓示であった。

次に、提出した用紙の順番に従って名前が呼ばれる。呼ばれた者は主祭壇の前に進み出、跪く。ここから個人のための扶鸞が行われるのである。まず信徒が祭壇の前に立ち、用紙の内容を小さな声で読み上げる。個人のための扶鸞も基本的には最初に行われる扶鸞と同じである。数句の乩示が発せられた後、「得《タッ》」(いいですよ)と声がかかる。一人につき、一、二分という短さである。用紙の裏に書き込まれた乩示を受け取り、そのまま帰っていく人たちもいれば、他の信徒にその意味を

紫闕玄観の扶鸞儀礼

解釈してもらっている人たちもいる。また薬の処方を求めてやってきた信者は、薬草の名前と分量が記された処方箋をもらい、薬草を包んでもらいに階下に降りていく。

初めての乩示

しばらくすると私の番がきた。さっきのおばあさんが私の背中を軽く叩いて促した。私はあわてて祭壇の前に進み、他の人がやっていたように跪き、胸の前で手を組み、頭をたれた。乩筆が沙盤の上を走る音が耳元に響き始めた。本当のところは横を向いて、もっと近くで扶鸞の様子を見たかったのだが、さすがに不謹慎であろうと思われたので、しおらしく下を向いていた。私に降された乩示は他の人に比べて長かった。乩筆の音が止んだので、終わったと思って立ち上がろうとすると、傍らに控えている信徒が「まだだ」というように肩を抑えて押しとどめた。

扶鸞が終わると、初老の男性は乩示を書き記した紙を二枚私に手渡した。紙には次のように書かれていた。

「①宗教為度世之課、教化於人帰善棄悪而広太平。能修此課、知宇宙之循環、天外有天、能明智理、歩入善境、此為大智也。今覚好奇、亦可譲一洩、乩法之妙。」

「②一切順道、因縁巧合、当有主宰、立己之大志、行己之心願、此亦為一快也。」

渡された乩文を読んでいると、さきほど礼拝の時、一番前で跪いていた太った中年男性が近づいてきて、「understand?」と話しかけてきた。私が首をひねると、お世辞にも流暢とは言えない英語で乩示を解釈し始めた。彼の英語で説明されるとかえってわからなくなったが、最後に親指を立てて「good!」と言って去っていったので、悪くない乩示だということはわかった。

しばらくして、柱時計が午後九時になったことを告げた。もはや誰も「問事《もんじ》」する人はいないとわかると、乩手は祭壇に向かって拝礼し、おもむろに乩筆を沙盤の上に収め、蓋を閉めた。これで一時間に及ぶ扶鸞儀礼は終了した。

乩示の内容を今改めて解釈すれば、おおよそ次のようになるだろう。①の質問に対しては、「宗教は世の中を救い、人を善に導き、また宇宙の哲理を教えてくれる、すばらしい智慧である。」「今覚好奇」の部分は、扶鸞を見て、私が「おもしろいと思っている」という意味なら、そのときの私の心境を言い当てていることになる。「亦可譲一洩、乩法之妙」（扶乩の妙を少々教えてやってもよろしい）という最後の文句は、私がまずは扶鸞を見にやってきたことを見透かしているようだ。②の質問に対しては、「すべてうまくいき、因縁はかみあう。もちろん自分ではどうにもしようがないこともあるが、己の大志を貫き、己の願うところを行えば、（一年など）早いものだ」というところか。日本では、一年間香港に行ってくると言うと、「一年もダンナをほっとくなんてひどい」とか、「離婚されるぞ」などといった反応が多かったので、まさにわが意を得たり、という乩示だったのである。

だが初めてその乩示を読んだ時は、ざっとしか目を通さなかったせいもあってか、正直に言えば「ふーん、こんなもんか」という程度の感想しか持たなかった。扶鸞のやり方もいささか事務的な感じで、それまで「降霊会《セアンス》」という言葉によって想起される、何やら神秘的な雰囲気を想像していた私は、少々拍子ぬけしてしまった。中国の宗教結社というと、秘密結社めいたものを想像しがちであるが、集まっている信徒たちに狂信的な雰囲気は微塵もなく、お布施を強制されることも、入信を迫られることもなかった。彼らはごく淡々と私に接した。

扶鸞儀礼の印象

香港滞在中、私は結局三度この道壇を訪れた。香港人の学生を同行すると、彼らはとたんに饒舌になった。英語で乩示を解釈してくれたあの男性信徒が再び話しかけてきて、ここの観主であることや、旅行社を経営していることなどを広東語で話し始めた。彼は呂祖のことを「師尊」と呼び、自分が入信したいきさつを熱っぽく語った。

最初の日はとっつきにくそうに見えた乩手も、儀礼の順番を待つ人々がとぎれると、話に加わってきた。彼はもともとキリスト教の信者だったという。二十歳の頃写した写真に「師尊」の姿が現われた。扶鸞を行っている時は心を静かに保たなければならない。そんなことを問わず語りに語った。

同行してくれた香港中文大学の呉《ご》くんは、扶鸞を見るのは初めてだと言った。後で呉くんに、「扶鸞のこと、どう思った？」と聞いてみると、あんなものは子供だましだと頭ごなしに否定するのかと思いきや、意外にも「完全に信じられるわけではないけれども、不思議だと思う」という答えがかえってきた。彼の祖母は信心深い人で、このような道壇によく通っていたらしい。子供の頃病気になると決まって、道壇で処方された煎じ薬を飲まされたり、符を持たされたりしたという。そのせいか、彼には道教に対する偏見がなく、信者の話に共感し、耳を傾けようとする姿勢が感じられた。予備調査の成果が思いのほか上がったのは、彼が単なる通訳以上に信者とのコミュニケーションに努めてくれたおかげであった。

帰国後、集めた資料やノートを整理し、今後どのように調査していったらいいのかを考えた。正直言って、扶鸞については今後も継続して調査する価値があるのかどうか、まだ確信が持てなかった。台湾の廟で、白目を剝き、手足を震わせて神がかる童乩《タンキー》を見た時のような衝撃はなかった。以前沖縄で調査した、ユタと呼ばれる女性シャーマンの託宣に比べると、扶鸞の乩示はあっけないほど簡単だった。信徒たちはどうして、砂の上に書かれただけの簡単な文言を「師尊」の託宣と信じ、あれほどまでに熱く語ることができるのだろうか。その一点がどうしてもひっかかって消えなかった。

再び香港へ

翌年五月、今度は約一年間の長期滞在の予定で私は再び香港を訪れた。まずは香港中文大学の語学センターに籍を置き、毎日午前中は広東語のコースに通い、午後は図書館に行ったり、郊外の廟の祭りを見学に行ったりする毎日が続いた。紫闕玄観にも定期的に通い、「普救《ポーカウ》」(一般信者のための公開の扶鸞儀礼)の時間や、年中行事として開かれる法会《ほうえ》に顔を出した。この頃は調査というよりも、広東語の会話力アップのために通っていたと言ったほうがいいかもしれない。定期的に通うようになると、最初はぶっきらぼうでとっつきにくそうに見えた道壇の信徒たちとも顔見知りになり、私のつたない広東語のおしゃべりに付き合ってくれるようになった。中には自分がどうしてこの道壇に来るようになったのか、ぽつりぽつりと話してくれる人も出てきた。「普救」の時間が終わって夜食を食べに行く時や、法会の儀礼の合間などに、師尊の起こした奇跡や不思議な出来事について、信徒たちはさまざまな話をしてくれた。そうした普段のおしゃべりを通して少しずつわかってきたのは、彼らはそれぞれ、乩示にまつわる自分だけの物語を持っているということであった。

香港に来て二ヶ月ほどしたある日、私は観主から、毎年発行しているパンフレットに掲載するため、旧暦七月の中元法会《ちゅうげんほうえ》の様子を写真にとってくれないかと頼まれた。法会の期間は、信徒は朝から晩まで休みなく行われる道教儀礼を取り仕切ったり、一般信者を接待したりと、それぞれの仕事で忙しく、写真をとる暇がないというのである。私はこの申し出をありがたく受け、忠実に実行した。それまでは写真を撮ろうとすると、一部の信徒に見咎められたり、雑誌の記者か何かと間違われたりして、いちいち説明するのが面倒だったのだが、大義名分が与えられ、写真を撮りやすくなった。またそれまでは、信徒でもないのに壇内をうろうろすることに、いささか居心地の悪い思いをしていたのだが、カメラマンという仕事を与えられて、ようやく自分の居場所ができたのがうれしかった。

異文化のフィールドに入り、少しずつ現地の人々に受け入れられていくという過程は、人類学者なら誰でも多かれ少なかれ体験することだが、香港という殺伐とした大都市で、何のつても予備知識もなく調査地や調査対象を選定しなければならなかった私にとって、紫闕玄観での日々は、何にも増してかけがえのないフィールド体験となった。といっても、特別な調査技術を弄したわけではない。結局のところ言葉の不自由な外国人にできることは、彼らの活動に黙々と参加し、彼らの信仰に共感を示すことしかなかった。一年近く彼らと行動をともにするうちに、彼らはやがて私のことを「自己人《ジーケイヤン》」（身内の人間）と見てくれるようになった。

「招福延寿」を祈願する「讃星」の儀礼に参加する紫闕玄観の信徒たち。太極図をあしらった道袍に身を包んだ「経生」と呼ばれる信徒たちが「念経」している。

　中国の人々は「縁份《ユンファン》」（縁《えん》）を大事にする。すべてのものは「縁份」から始まる。私が紫闕玄観を訪ねたのも、確かに「縁份」としか言いようのないめぐりあわせであった。けれどもその「縁份」を大事にしなかったならば、すなわち、あの十二月の予備調査だけで終わっていたとしたら、扶鸞にまつわる現象の奥深さを知ることはなかっただろう。自分の語学力の乏しさや押しの弱さを歯がゆく感じながらも、それでもなおかつ紫闕玄観の信者やその他の道壇の人々と辛抱強く関わろうとしなかったなら、乩示にまつわる彼ら自身の物語を聞くこともなかっただろうし、扶鸞を介して人は神といかに触れ合うのかを知ることもなかったに違いない。

以下本章では、香港の道教団体の信徒たちに光をあてながら、扶鸞を介した神と人との交流のありようを、具体的に描き出してみることにしたい。

その前に、紫闕玄観を始めとする道教団体が、香港社会において果たしている役割について、簡単に説明しておこう。

2 香港の道壇

香港道教と道壇

香港には、私が訪ねた信善紫闕玄観のように、雑居ビルの一室に乩壇を置き、扶鸞を介して神仙の教えを広めたり、薬の処方を行ったりすることを主要な活動とする、小規模な宗教慈善結社が数多く存在する。こうした結社は、道教を標榜し、道教系の神仙を祀っていることから、一般には「道壇」「道堂」と呼ばれているが、済公、観音など仏教系の祖師や菩薩を主神として祀っているところは「仏堂」とも呼ばれる。結社によっては、道仏混交であることを強調した「仏道社」という名称を用いているところもある。

香港の道教といえば、普通は街中や離島に点在する天后廟や関帝廟、観音廟といった「廟」が挙げられることが多い。こうした「廟」と、ここで取り上げる「道壇」の本質的な違いとは、前者は歴史的に地域社会の地縁的つながりを基盤として創建・運営されてきた宗教施設で、固定的な信徒組織を持たないのに対して、後者は自主的に入信した信徒たちによって運営される私的な結社であるという点である。もっとも、現地の人々は「道壇」「仏堂」「廟」といった名称を、それほど厳密な定義に基づいて使っているわけではない。たとえば、香港で最も人気の高い黄大仙祠は「廟」とも呼ばれているが、その運営母体は「嗇色園《しょくしきえん》」という道教を標榜する慈善団体であり、その前身は十九世紀末、広州に創立された「乩壇」であった。このほか香港では、広東語で「喃嘸佬《ナーモウロウ》」とか「喃嘸先生《ナーモウシンサーン》」などと呼ばれる職業道士が経営する零細な葬儀屋も、「○○道堂」「○○道院」といった看板を掲げているのでまぎらわしいが、こちらの方は俗に「喃嘸道館」と通称されている。

紫闕玄観と信善系列壇

信善紫闕玄観は、一九三五年広州郊外芳村《ほうそん》に設立された信善堂という乩壇から分派した「信善系」と呼ばれる同系列の道壇の一つである。信善系は、私人宅に設けられた乩壇も含めて香港、澳門《マカオ》に十一か所ある。紫闕玄観は、もともと澳門の信善二分壇の信徒によって一九六四年澳門に成立したが、開壇後まもなくメンバーの多くが香港へ移住していったため、閉鎖された。一九七二年、澳門時代の信徒が中心となり、香港の深水埗に再興されたのが現在の信善紫闕玄観である。これまでに登録信者数は五百人を越えるという。信善系の根本精神は、年に一度発行している冊子

	公　開	非公開
対 象	「弟子」（メンバー）＋「信士」（非メンバー）	「弟子」（メンバー）のみ
個 人	①「普救」の際の「問事」「求方」 ②「入道」儀礼 ③「契仔《カイジャイ》」儀礼（呂祖と養子縁組関係を結ぶ儀礼）	（なし）
集 団	①「普救」の際の「聖訓」 ② 神誕・法会の後の「聖訓」	会議の後の最終決定として行われる「聖訓」

表1　信善紫闕玄観の扶鸞儀礼

『道教信善玄宮』の冒頭に掲げられた宗旨に集約されている。それによれば、師を尊び道を重んじること、中国道教の伝統精神を広く展開し、忠・孝・廉・節・義・信・仁・恵・礼の九美（九つの美徳）を根本とすること、貧しい人や困っている人には贈医施薬《ぞういせやく》、社会公益を行うことというように、自己修養と他者救済が強調されている。

道壇の活動

「道壇」の核となる活動は扶鸞である。道壇における扶鸞儀礼は、公開か非公開か、あるいはそのメッセージが誰に向けられたものかによって、表1のように分けられる。

多くの道壇では、紫闕玄観と同様、信徒以外の一般信者のために扶鸞の公開儀礼の時間を設けている。一般に公開儀礼が扱うのは、悩み事に対する指針を求める「問事」と、治病のための薬や符の処方を求める「求方」である。「問事」に訪れる人と「求方」に訪れる人と、どちらが多いかと言えば、おそらく「求方」のほうが多いだろう。紫闕玄観では扶鸞の公開儀礼を「普救《ポーカウ》」と呼び、毎日午前と夜の二回行っている。午前中は、近所に住む主婦が体調を崩した家族のために薬をもらいに来ている。喉が痛いとか、咳が出るといった軽い症状なら、病院に行くよりも、道壇に来るほうが手軽だし、薬もよく効くという。道壇は近所の薬局か診療所代わりなのである。

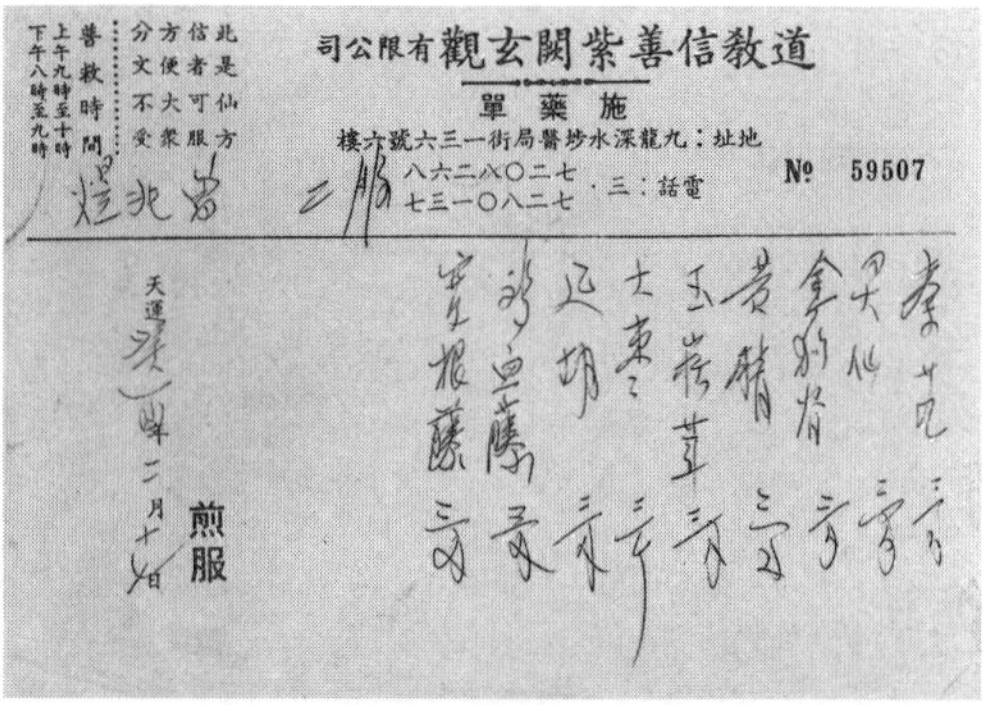
道教信善紫闕玄觀有限公司
施藥單
地址：九龍深水埗醫局街一三六號六樓
電話：三・七二〇八六二八 七二八〇一三七
№ 59507
此是仙方 信者可服 方便大眾 分文不受
普救時間 上午九時至十時 下午八時至九時
煎服

信善紫闕玄観の「求方」で出される呂祖の「仙方」

呂祖仙方がよく効くと評判のある道壇は、公開儀礼のある土曜日の午後になると順番待ちをする人々であふれ、まるで診療所の待合室のようになる。一時期、私は毎週土曜日になるとその壇に入り浸り、暇そうに順番待ちをしているおばさんたちに、信仰の話から家族の話、さらには若い頃の話に至るまで、ずいぶんいろいろな話を聞かせてもらったものだ。香港には近代西洋医学の病院や診療所が普及しているが、伝統的な中医や「跌打《ティッダー》」と呼ばれる接骨医も相変わらずはやっているし、気功、涼茶《りょうちゃ》（暑気払いの効果のある漢方茶）、薬膳スープといった民間療法も盛んである。道壇に薬を処方してもらうこともまた、そうした伝統医療と同様に、香港人のヘルスケア・システムの一部にしっかり組み込まれているのである。

道壇における扶鸞は、個人の要望に応えるだけでなく、世の中のあらゆる人々に向けて神々のメッセージを伝えるという役目も担っている。紫闕玄観では、「普救」の前や神誕・法会の後に講じられる「聖訓《せいくん》」がそれにあたる。紫闕玄観では、「聖訓」は「聖訓簿」と称するノートに書き留められ、重要なものは冊子『道教信善玄宮』に掲載される。

信善紫闕玄観が発行する冊子『道教信善玄宮』

扶鸞結社の意思決定

扶鸞を行う宗教結社を支えているのは、扶鸞を介して直接沙盤の上に描き出された文字や記号は、神や霊といった超自然的存在からのメッセージであるという信仰である。道壇の信者たちは、扶鸞の信仰について語るとき、よく次のような言い回しを使う。「信則有、不信則無」(信じれば存在し、信じなければ存在しない)。つまり、この信仰を持っていない者にとっては無意味な文章や記号であっても、この信仰を持つ者にとっては神や霊からの教訓や、ありがたい護符を意味する。信じない者にとっては何の権威も効力も持たない乩示が、信じる者には神の意思と解釈され、彼らの行動や思想に、ひいては集団全体の意思決定にも何らかの影響を及ぼしていくのである。

香港の道壇も、扶鸞を介して得た神々からの指針に従って行動する扶鸞結社としての性格をそなえている。たとえば紫闕玄観では、旧暦の毎月一日に開かれる信徒会議の場で扶鸞を行っている。会議では活動方針や人事・財政等様々な事項が話し合われ、最後にその日話し合われた事柄について祖師である呂祖に「師尊のお考えはいかがでしょうか」とうかがいを立てる。実際にそこで発せられる乩示は、討論によっておおよそ決定したことを再確認するものであることが多い。討論の段階で意見が二つに分かれたような場合は、乩示は一方的にどちらかを支持するのではなく、むしろその是否は明確にせず、弟子たちに再検討を促すという形をとる。乩示は、集団内部の力関係の中で、うまくバランスを取ることによって、はじめて信者全体に受け入れられるものだからである。

もし乩手が集団内部のコンセンサスを無視して恣意的な乩示を発したとしたら、信徒たちはむしろ乩示に対する懐疑心を強め、しまいには乩手としてふさわしいか否かを疑う事態にさえなりかねない。信徒たちは扶鸞に恣意的・人為的な要素がからむ可能性を十分承知しており、乩手の発する乩示が信じるに足るものかどうか、かなりシビアに判断している。とりわけ乩手の日頃の言動は、彼(彼女)の発する乩示が神意を正しく反映しているどうかを判断する重要な鍵となる。

扶鸞を介した意思決定は、このように場合によっては集団内部に物議を醸し出す危険性をはらんでいるために、現在多くの道壇では、意思決定のプロセスから扶鸞を排除し、多額寄付者や有識者から成る董事会《とうじかい》に教団運営を委ねるようになっている。たとえば黄大仙祠の運営組織嗇色園は、かつては扶鸞の指針に従って教団運営を行っていたが、一九五〇年代以降、世俗的なリーダーシップによって運営される慈善団体へと変貌を遂げた。会議の場で扶鸞を行っている道壇でも、人事や財政に関する決定事項には、一切扶鸞を介さないという方針をとっているところが少なくない。

扶鸞以外の活動・事業

道壇では、扶鸞のほかにもさまざまな活動や事業を行っている。大きく分けると、

①神々の誕生日や上元、中元節などの節日に行われる年中行事の法会
②「功徳《くどく》法事」(死者への供養儀礼)、位牌・骨壺の保管と供養といった喪葬関連事業
③老人ホームや診療所経営、被災者援助、中国大陸の貧困地区への援助といった社会福祉事業
④道教講座、小中学校経営などの教育事業

の四つがある。

【年中行事の法会】

年中行事の法会は、それぞれ期間は異なるが、信徒が挙行する道教儀礼と一般信者向けの追善供養サービスと、斎食《さいしょく》(精進料理)の接待といったプログラムで構成されている。道教儀礼は「経《きょう》

生《せい》」という儀礼担当の役職につく信徒が五人、あるいは七人ずつ組になって執り行う。信徒に儀礼指導を行う「経懺師《きょうさんし》」はベテランの信徒が担当するが、一部の道壇では、「喃嘸先生《ナーモウシンサーン》」と呼ばれる専業道士を招いて儀礼指導を行っているところもある。儀礼の内容は道教や仏教の経懺を独特の節回しで詠唱する誦経《ずきょう》が中心である。

どこの道壇でも、一年で最も盛大に行われるのは中元法会である。期間は道壇によって異なるが、旧暦七月におよそ一週間、午前・午後・夕方・夜の部に分かれて、各種のお経を詠唱する。昼間の部には、主婦や商店の経営者など比較的時間が自由になる信徒たちが多く参加している。夜の部になると、勤め帰りの会社員の信徒が、ワイシャツの上に道袍を着込んで参加している姿も見られる。経生は葬送儀礼を生業としている「喃嘸先生」とは異なり、功徳を積むため、あるいはボランティアという意識で儀礼に参加している。

法会には信徒以外の一般信者もたくさん訪れる。儀礼の一部には、一般信者が参加できるようになっているものもある。たとえば旧暦九月九日の「斗老元君誕《とろうげんくんたん》」(「九皇誕《きゅうこうたん》」ともいう)の際に行われる「礼斗《れいと》」という儀礼のしめくくりには、一般の参加者も経生の後について内壇の中をぐるぐると回り、祭壇の呂祖像の前で跪拝し、最後に観主から一ドルコインの入った赤い袋の「利是《ライシー》」をもらう。これを「転運《てんうん》」といい、赤ちゃんを連れた若い母親がたくさん参加している。転運をすると子供が丈夫に育つのだという。また法会には多くの場合、精進料理の席が設けられている。法会の開催期間は、どこの道壇でも、参拝と会食を兼ねてやってきた家族連れや主婦のグループなどで、大変な賑わいとなる。

納骨堂の壁面を覆い尽くす「骨龕」（香港・蓬瀛仙館）

【喪葬関連事業】

次に、死者の弔いや供養、墓といった喪葬関連事業について簡単に述べておこう。香港の道壇において、最も主要な収入源となっているのはこれらの事業である。華人社会では、伝統的に土葬の風習があるが、墓地にする土地の限られた香港では火葬率が七〇パーセント以上に達している。火葬の場合、骨灰は骨壺におさめ、「骨龕《こつがん》」（または「骨灰龕」「壁龕」）と呼ばれるロッカー型の骨壺収納空間に安置する。新界の大規模な道教団体になると、敷地内に二階建てや三階建ての納骨施設が何棟も並び、収納可能な骨龕の数は数万個とも言われる。白黒の遺影を前面に焼き付けた骨龕が、納骨堂の壁という壁を上から下までびっしりと覆い尽くしているさまは壮観というよりも、息苦しさを覚える。香港における死後の住まいは、生きている時の住まいと同様、かくも過密状態なのである。

深水埗の紫闕玄観は、手狭なため骨龕は設置されていないが、先述したように、六階には死者の霊位を祀る思親堂がある。霊位の安置は信徒及びその家族親戚に限るとしている道壇もあるが、多くは信徒でなくても誰でも購入できる。住宅事情の厳しい香港では、自宅に神像や祖先の位牌を祀る「神抬《サントイ》」を置いていないという家が少なくない。まして香港に祠堂《しどう》（一族の位牌を祀る堂宇）を持つ一族などごく少数である。市街地の高層マンションに住む一般庶民は、代わりにこうした宗教団体の霊位を購入し、供養もおまかせというのが一般的になっている。

喪葬関連事業のもう一つの柱が、追善供養儀礼である。一般に「功徳法事《くどくほうじ》」と呼ばれる追善供養儀礼は、普通葬儀が終わってから四十九日の間に行われる。本来功徳法事は、頭七、二七、三七というように、七日ごとに行うが、道壇が提供している功徳法事は、これをまとめて簡略化したもので、だいたい半日で終わり、価格も手ごろである。儀礼は「経生」が中心となって執り行われる。新界の大規模な道教団体では、施設内に功徳法事を行うことのできる斎場があり、一日何件もの法事をこなす。

また多くの道壇では、お盆にあたる中元法会や秋の下元《かげん》法会に、「附薦先人《ふせんせんじん》」と呼ばれる死者供養のサービスを提供している。これは死者を一括して「超薦《ちょうせん》」（供養）してくれるサービスで、二百ドルほどの登録料を支払い、亡くなった近親や友人の名前を登録すると、法会の期間中、紙製の「龍牌位《ロンパイワイ》」と呼ばれる位牌を作って壇内に安置し、供養を行ってくれる。

【社会公益事業・教育事業】

このほか、どこの道壇でも力を入れているのが、各種の社会公益事業である。もともと香港の道壇は、清末、広東に出現した善堂（慈善結社）の流れを汲み、施療・教化・慈善を主要な使命として掲げてきた。道壇の服務内容にしばしば見られる「贈医施薬」という項目は、もともとは扶鸞を介して降りた神仙の処方に基づき施薬を行うことであったが、今日の道壇では、医療の近代化に対応して、中国医学や西洋医学の診療所や薬局の開設へと事業の幅を広げている。さらに、社会的弱者の救済という理念から、老人ホームの設立、地域の貧窮者への援助などがある。一九九〇年代以降は、香港と中国本土との関係が緊密化するに伴い、大陸の貧困地区への医療・教育援助、水害などの被災者の救護といった事業が目立ってきた。これらの社会公益事業への取り組みは、香港

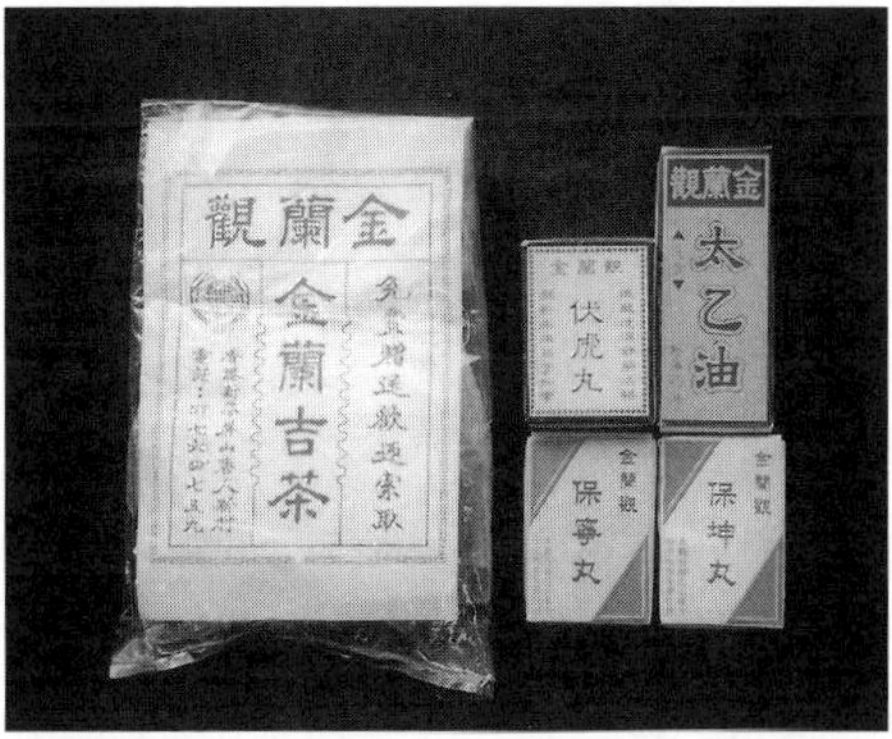

香港・金蘭観の「仙方」によって製造された各種医薬品。金蘭観ではこのようにパッケージ入りのものを用意している。

社会における道教のイメージアップに大きく貢献している。

道壇では、教育事業にも力を入れている。大規模なところでは、幼稚園や小中学校を経営したり、定期的な道教関連講座を開いたりしている。有力道教団体の一つ「青松観《せいしょうかん》」が主宰する香港道教学院は、一九九一年に創立され、道教思想に興味を持つ大学生から、道教の養生術に関心のあるお年寄り、さらには儀礼を司るスペシャリストの養成に到るまで、人々のさまざまなニーズに応えた講座を提供している。

なお、香港の道壇の多くは、香港道教聯合会という道教の連合組織に属している。一九六六年の創立当初、約三十の団体会員によって組織されたこの聯合会は、今やその倍以上の団体会員を有する規模となった。中国本土や台湾、シンガポールなど海外の道教協会との交流が盛んになっていく今日、香港道教聯合会は香港道教界を代表する組織として、さまざまな対外活動を行っている。

3　道壇の信徒たち

普通の人々

香港の道壇に集う人々は、いったいどのような人たちなのだろうか。日本では、中国の宗教結社はすべて秘密結社かカルト教団だと思い込んでいる人がけっこういるらしく、私が「香港で道教教団の調査をしている」と言うと、「それって、大丈夫なんですか」と聞かれたことが何度かあった。いや、私自身、人のことをとやかく言える立場にはない。今でこそえらそうに、香港の宗教のことは他の人より多少はよく知っているとばかりにこんな文章を書いているが、初めて深水埗の紫闕玄観を訪ねていった時は、正直言っておっかなびっくりだったのだから。

実際に私が道壇で出会った人々は、カルト教団の狂信的な信者どころか、あっけないほど常識的で、ごく普通の市民に過ぎなかった。彼らは、香港の宗教信仰者の中では自分が道教徒であるというアイデンティティを持った少数者ではあるが、黄大仙祠で「求籤《きゅうせん》」（おみくじをひくこと）をしている人々や、毎週日曜日に教会に通うキリスト教の信徒たちと大きく異なっているわけではない。多くの香港人がそうであるように、彼らもまたミッション系の小学校や中学校に通ってキリスト教教育を受けた経験があり、中には洗礼を受けたことがある人もいる。休みの日には、友人や家族と連れ立って黄大仙祠にお参りに行き、たまには大仏で有名な大嶼山（ランタオ島）の宝蓮寺《ほうれんじ》に精進料理を食べに行くという人々である。

男性信徒の中には、中小企業の経営者、小売店の店主がどちらかといえば多いが、企業で働くサラリーマンや公務員もいる。私が主に調査を行っていた一九九〇年代当時は、不動産バブルでやたらに羽振りのよい信徒もいれば、一方で政府の救済金をもらってやっと生活している貧しい信徒もいた。女性信徒の中には、すでに子供が一人前になり、時間的・金銭的余裕のある中高年の主婦が目立つ。若い信徒は比較的少なく、たまに見かける二十代の信徒の多くは、親が信徒で、子供の頃から親に連れられて道壇に通っていたという二世の信徒である。

神と人とを結ぶ扶鸞

道壇には「教祖」または「尊師」と呼ばれる人は存在しない。日本の新宗教教団では、天理教の中山みきや、大本教の出口なおのように、シャーマン的能力を持ったカリスマ的指導者が、神そのものとして崇拝されるケースがしばしば見られるが、道壇における「師」とは、あくまでも扶鸞の場に降りる神仙及び先師（すでに亡くなった先輩信徒）であって、生身の人間が霊的指導者として奉られることは皆無である。

「念経」の練習をする信徒（信善紫闕玄観）

紫闕玄観では、主祭壇の中央に奉られた呂祖（呂洞賓）のことを「師父」「祖師」「師尊」などと呼ぶ。入道した信徒たちは「師父」の「弟子」となり、互いに「師《シー》兄《ヘン》」「師姐《シージェ》」と呼び合う。ここには、呂祖を父と仰ぐ兄弟姉妹という一種の擬制的血縁関係が創出されている。

道壇において、扶鸞は神々と人間との直接のコミュニケーションを可能にする唯一の回路である。厳密に言えば、神と人間とを結ぶ回路には、扶鸞のほかに、道教儀礼の際に宣読される「疏文《そぶん》」や「表」の類いがある。疏文は祈願者の名前・住所・祈願内容を明記したもので、儀礼終了後、焚化して天界へ送る。だが疏文は、人間から神への一方的な呼び掛けに過ぎず、それに対する神の反応を知ることはできない。そのため、年中行事の神誕や法会の後には必ず扶鸞を行い、神仙の反応を問う。すると神仙は必ず「降乩《こうけい》」（乩示を下すこと）し、神誕を祝ってもらったことへの礼を述べたり、メンバーへの訓示を残していく。

入道の儀礼

扶鸞を通して、神と個人との直接のコミュニケーションが交わされる場面として、大変重要なのが、「入道」儀礼である。紫闕玄観では、「入道」を希望する者は、扶鸞儀礼の場で、呂祖の「弟子」となることを願い出る。扶鸞を介して呂祖の許可が下りれば、「祖師収録為弟子」（祖師が弟子として受け入れた）として入道を許される。入道者は「皈《クワイイー》依呂祖」（呂祖に帰依《きえ》する）の証として、その場で「壇の主旨に従い、一生呂祖の弟子として付き従う」という内容の宣誓文を読み上げる。そして呂祖の弟子のみが携帯を許される護符「弟子符」と、宗派創立の際に定められた「派詩《はし》」に基づいて道号が授けられ、正式に「入道」となる。

道壇が扶鸞を核とした集団であることを示す根拠の一つは、この入道のシステムにある。道壇における「入道」とは、扶鸞を介して神仙に帰依し神仙の弟子になること、つまり祖師と信者が個人的に師弟関係を結ぶことを意味している。入道とは同時に、その組織へ入会し、組織のメンバーシップを獲得したことを意味するが、組織への帰属意識はそれほど強固ではない。道壇とはあくまでも、呂祖との個人的絆を媒介として、呂祖を中心に結集した集団なのである。入道の際、扶鸞を介して呂祖と師弟関係を結ぶことがいかに重要であるかは、普段扶鸞を行っていない道壇でも、入道希望者があった時には、わざわざよそから乩手を呼んできて、扶鸞を行うことからも明らかである。

入道の手続きは厳格であるが、呂祖と弟子たちとの関係はとても親密で家族的である。信徒たちは呂祖について、普段の会話の中でも「この前師父に聞いてみたらこう言っていた」とか、「師尊が大丈夫だと言ったから、旅行に行くことにした」とか、まるで身内の人間のことを話すような口調で親しげに口にする。知らない人が聞いたら、「師父」は実在の人物だと誤解すること間違いなしである。呂祖のほうも心得たもので、乩示の中でしばしば、父親が子供たちに対するように、弟子たちのマナーをしかったり、勤勉な弟子には「よくやっているぞ」と褒めたりする。信徒たちにとって、呂祖は近寄りがたい神というよりも、道理をわきまえ、人生経験に長けた、頼りになる父親のような存在なのである。

呂祖が父親のイメージでとらえられていることは、入道儀礼に準ずるものとしての「契仔《カイジャイ》」という儀礼にも現れている。これは、呂祖を「契爺《カイイエ》」として、儀礼的な養子縁組関係を結ぶもので、子供が丈夫に育つことを祈願して結ばれる民間信仰上の誼《ぎ》子《し》の慣行が下敷きとなっている。誼子の慣行とは、運気の弱い子供の無事成長を祈り、子供が成年に達するまで、運気の強い人あるいは神明、樹木などと養子女の関係を結ぶものである。紫闕玄観では、呂祖の許可が下りれば、一般信者

「仙方」の処方箋に従って薬の調合をする信徒とその子弟
（信善紫闕玄観）

の子弟でも呂祖の「契仔」となることができる。呂祖との誼子関係は、だいたい就学前から小学校低学年頃までに結ばれ、その関係は高校を卒業する頃まで続く。その後、子供によっては呂祖の「弟子」として正式に入道する場合もある。紫闕玄観の幹部の話によれば、親が子供を入道させたいと連れてくる場合は、まず「契仔」から始めることを勧めるという。入道が本当に子供の意志によるものかどうかわからないからである。紫闕玄観の若い二世信徒たちに話を聞いてみると、まだ幼い頃に呂祖の「契仔」となり、親に連れられて壇に通っていたが、大人になっていつまでも「契仔」ではいけないと思い、正式に入道して「弟子」となったという人が多い。

入道の動機

道壇の調査を続ける中で、私は扶鸞儀礼の前後や法会の合間などの時間を利用して、できるだけ多くの信徒から話を聞くようにしてきた。壇でよく顔を会わせる親しい信徒の場合は、普段の何気ないおしゃべりから、たまたま個人的な話に入っていくこともあったし、忙しい信徒の場合は、アポイントメントをとって、フォーマルなインタビュー形式で話を聞くこともあった。いずれにせよ、せっかちでドライで見栄っ張りの香港人を相手に、彼ら自身の本音や心情を話してもらうことは、なかなか骨の折れる作業であった。

もう少し効率的に信徒像が把握できる方法はないかと、質問票を使った調査を試みたこともある。道壇の信徒たちの入道の動機や入道後の変化、道教に対する考え方などに関する質問票を作成して配布し、信徒に記入してもらった。質問票回収後は、信徒の許可を得て後日、あるいはその場で、質問票に基づいた簡単な面接調査を行うという形式をとった。質問票の回収率はあいにく最悪だったが、それでも集めたデータは大変興味深いものだった。

どういう理由で入道したかという質問に限って言えば、表2のような結果となった（八三頁参照）。票に挙げた選択肢のうち、男女ともに「扶鸞がとても不思議だったから」「扶鸞の薬方がよく効いた」「乩示がよくあたる」という理由をチェックした人が多く、扶鸞の神秘性や霊験性に魅せられて入道していることがわかる。「壇の雰囲気がよいから」がこれに次ぎ、「呂祖を奉っている」ことを選んだ人も多い。「乩手の法力が高い」という理由を選んだ人がゼロだったということは、扶鸞の霊験性の高さと乩手の霊的能力の高さは関連づけられていないこと、つまり扶鸞が霊験あらたかなのは、乩手の霊的能力が高いせいであるとは考えられていないことを示唆している。どうやら道壇におけるカリスマの源泉は、乩手の霊的能力やその人格ではなく、扶鸞を介して降される神仙の乩示の内容そのものにあると見てよさそうだ。

その他の欄を選び、自由に記入してもらった回答例を見てみよう。年齢、職業は一九九四年調査当時のものである。

①霊を見たりすることがあったので、護身符がほしいと思い入道した。(女二十八歳、秘書)

②三十歳くらいの時、病気になり壇を訪れた。経を読んだら気持ちがすっきりしたので、やがて入道した。(女五十代、主婦)

③甥が病気になり、呂祖に病気を治してくれたら入道すると約束した。甥の病気は治ったので、約束通り入道した。(男三十八歳、銀行員)

④呂祖と道教を尊敬しているので。(男四十七歳、商人)

⑤道教は中国人の国教だから。(男四十五歳、職人/女四十二歳、主婦)

⑥金を取らないこと、慈善活動に力を入れていることに魅力を感じて。(男四十四歳、商人)

総じて言えることは、紫闕玄観の信徒たちは扶鸞に最も魅力を感じて入道しつつも、同時に、道教の教義や道徳的側面にも強い関心を持っているという点である。ちなみに、入道後の変化につい

性　　別	男				女				
年　　齢	20～30代	40～50代	60～70代	合計	20～30代	40～50代	60～70代	合計	男女合計
対　象　数	2	14	3	19	4	6	3	13	32
1．どういう理由で入道したか（複数選択可）									
扶鸞がとても不思議だったから	1	3	2	6	2	2	0	4	10
扶鸞の薬方がよく効いたから	0	2	2	4	1	2	0	3	7
乩示がよくあたるから	0	4	0	4	1	2	0	3	7
乩示の文章がむずかしいから	0	0	0	0	0	0	0	0	0
乩示の文章がわかりやすいから	0	1	1	2	0	0	0	0	2
道教の教義に興味があるから	0	3	0	3	0	1	1	2	5
道教の儀式に興味があるから	0	0	0	0	1	0	0	1	1
幹部の人格が優れているから	0	0	0	0	0	0	0	0	0
壇の雰囲気がよいから	1	5	0	6	1	2	0	3	9
乩手の法力が高いから	0	0	0	0	0	0	0	0	0
呂祖を奉っているから	0	3	0	3	1	1	2	4	7
小さい頃から知っているから	1	0	0	1	1	1	0	2	3
他の信徒に勧められたから	0	2	0	2	0	0	0	0	2
家や会社に近いから	0	2	0	2	0	0	0	0	2
その他	1	6	0	7	2	2	2	6	13
2．入道後何か変化はあったか									
特になし	0	4	0	4	1	1	1	3	7
あった	2	10	3	15	3	5	2	10	25
（複数選択可）									
身体が健康になった	1	2	1	4	2	3	2	7	11
事業がうまくいった	1	1	1	3	0	0	1	1	4
人間関係がよくなった	0	5	0	5	0	3	1	4	9
家庭の雰囲気がよくなった	0	4	0	4	0	3	0	3	7
宇宙の道理を理解した	1	4	1	6	1	3	1	5	11
人生の目的を探し当てた	0	3	1	4	0	2	1	3	7
精神的なよりどころを得た	2	2	0	4	1	0	2	3	7
人生観・価値観が変わった	1	0	0	1	1	1	0	2	3
その他	0	0	0	0	2	0	0	2	2

表2　信善紫闕玄観の信徒を対象とした質問票調査の一部

ては、男女ともに「身体が健康になった」「人間関係がよくなった」「宇宙の道理を理解した」という項目をチェックした人が多かった。

乩示にまつわる物語

紫闕玄観の信徒とのインタビューでしばしば驚かされたのは、信徒たちが過去、人生の節目節目において意味を持った乩示の内容をよく覚えていることであった。信徒たちの中には、呂祖の乩示の文言を一字一句欠かさず暗誦し、書いて見せてくれる人さえいた。信徒たちは折に触れ乩示の文言を思い出したり、しまいこんである乩示の紙を取り出し、読み返しているようであった。八十歳をとっくに過ぎた小柄な秀芳ばあちゃんも、私とおしゃべりをするとき、よく自分が授かった乩示の一節を、独特の抑揚をつけて暗誦してくれたものだ。ばあちゃんは読み書きを習ったことがないと言っていたが、おそらく誰かに何度も読み聞かせてもらっていたのだろう。

信徒たちが私に語ってくれた乩示には、必ずそれにまつわる長い物語があった。せっかちであわただしい香港人も、乩示の物語になるとたんに話が長くなった。この近代的な大都市香港において、今なお扶鸞を介して降りる呂祖の乩示に励まされ、救われる人が後を絶たない。その事実を理解するために、まずはこうした信徒たちの乩示にまつわる物語にじっくりと耳を傾けてみなければならないと気づいたのは、調査を始めて一年近く経ってからのことだ。

ここでは、呂祖の乩示にまつわるそうした物語のいくつかを紹介したい。信徒たちはどのような過程を経て呂祖を信じるようになったのだろうか。また、呂祖の乩示は彼らの人生においてどのような意味を持ってきたのだろうか。

黄観主の場合

私が初めて紫闕玄観で呂祖の乩示を受けた時、英語で解釈をしてくれた観主の黄さん（仮名、四十八歳）は、小さな旅行社の社長である。黄さんは、紫闕玄観の乩手をしている友人の紹介で、十五年ほど前から紫闕玄観に通うようになった。ある日のこと、大酒飲みだった黄さんの父親が倒れ入院した。紫闕玄観で祖師に乩示を請うと「大丈夫だ」という答えだった。二、三日してから、父親は本当に回復し、退院することができた。それからしばらくして再び父親が倒れた。乩示を請うと、今回も「大丈夫だ」という答えだった。医者は足を切断しなければならないとまで言っていたので信じられなかったが、乩示の通り、二、三日でよくなった。それ以来黄さんは父親や叔父のことで何度も問事し、そのたびに扶鸞を介して降りる祖師の乩示の霊験に感動した。それから四、五年経って、何かの件で問事をするために壇を訪れ、自分の順番を待っていると、突然彼の名前が呼び出された。あわてて壇の前に進み出て跪くと、祖師が（乩示で）尋ねた。「おまえは入道したいか。」黄さんは当時まだ入道していなかった。祖師は「おまえは弟子でもないのによく手伝いをして感心だ」と黄さんを褒めた。黄さんは、祖師は自分の行動をずっと見ていてくれたのだと感動し、その場で即座に入道した。

鄭さんの場合

保険外交員をしている鄭さん（仮名、四十一歳）は、いかにも香港のキャリアウーマンという雰囲気の女性である。数年前に離婚し、女手一つで二人の息子を育てている。

鄭さんの両親や親戚も紫闕玄観の熱心な信徒である。鄭さんの家はもともと扶鸞と関わりが深かった。父方の祖母の兄弟が香港の古い道壇の乩手を務めていたことがあり、子供の頃父親に連れられて「求方」に行ったことがあった。初めて扶鸞を見たときは、とても不思議なものだと思った。

高校卒業後、父親の商売（カーテン・絨毯を扱う商店を経営）を手伝うようになった。ある日、呂祖の神像が祀ってある部屋でカーテンや絨毯の梱包作業をしていたが、途中外出した。帰ってきてみると、線香の灰が落ちて火が燃え移ったのか、床に置いていたカーテン生地がすっかり溶けてしまっていた。鄭さんは真っ青になって部屋を見回すと、呂祖の神像のそばに置いていた梱包済みの包みは無事だった。もしその包みにも火が燃え移っていたら、おそらく火事になっていただろう。彼女は、師尊がお守りくださったに違いないと思った。その後も、呂祖の乩示に予言されたことが、見事当たったことが何度かあった。そういった経験が彼女の中に少しずつ強い印象を残していった。

さらに、仕事をやめて暇だった時、二か月ほど「聖訓」を清書する仕事を手伝ったことがあった。その時、彼女は聖訓の内容がとても慈愛に満ちていて、父親が子供を教え諭すような暖かみがあることを知った。師尊は自分たちから遠く離れたところにいるのではなく、いつもそばにいてくれる存在であることを知ったのである。それからしばらくして紫闕玄観に問事に訪れた時、次のような乩示が下った。

論汝為大姉　汝《なんじ》は長姉であるが
入道最為遅　入道は最も遅い
皈依仍未晩　帰依《きえ》に遅いということはない
仍可作皈依　今からでも帰依すべし

乩示は、彼女が長女で、彼女の妹や弟たちは彼女よりも早く入道していることを言い当てていた。

彼女はこの後まもなく入道した。

陳さん（澳門在住）の場合

一九六〇年、家族と共に広東省から澳門にやってきた陳さん（仮名、五十五歳）は、ある日病気になった母親のために、澳門の信善二分壇を訪れた。母の病気は扶鸞を介して処方された薬を飲んでよくなった。それまでは、道壇のような宗教結社は、宗教にかこつけて人を騙し金儲けをするところとしか思っていなかったが、二分壇の信徒たちはみな誠意があり、金儲けが目的ではないと感じた。まもなく陳さんは、二分壇の信徒の勧めもあって入道した。一九七〇年代に入ってから、陳さんは香港に単身渡り、身分証を持たないまま商売を始めた。四十歳になった頃、病気の母親や幼い弟たちを澳門に残したまま、香港に残るべきかどうかで迷いが生じた。一九七七年六月十三日、陳さんは香港の紫闕玄観を訪れ、呂祖に指針を仰いだ。陳さんは、その時の乩示を私に見せてくれた。乩示が書かれた紙は、黄色く変色していた。そこには、十五行に及ぶ長い乩示が記されており、その最後に次のような詩句があった。

香江応是蓬舟島　香港はまさに蓬舟島《ほうしゅうとう》
不須買舟帰故蒼　船を買って故郷に帰るべきではない
紫闕同登大道舟　紫闕とともに大道の船に登らん
堂煌何須思来日　堂々と輝き、どうして明日を思い悩む必要があるだろうか陳さんの解釈によれば、乩示は、「香港はまさに蓬舟島（仙人の棲む島）」とあるように、チャンスをつかみたいのなら香港に残ることを勧めていた。けれども、さまざまな事情が、彼が香港に残ることを許さなかった。陳さんはまもなく澳門にもどった。だが、ただそれだけのことだったら、この乩示が二十年間彼の手元に、大切にしまいこまれることはなかっただろう。

実は、この乩示が彼に決定的な印象を残したのは、乩示の冒頭にあった「惟望福中辛酉生」（ただ望む、辛酉《しんゆう》に福の生まれんことを）という一節だった。陳さんの解釈によれば、この句は、辛酉年（一九八一年）に福があること、すなわち「大赦」があることを予言していたというのである。

陳さんの言う「大赦」とは、実際には一九八〇年十月二十三日から施行された新しい入境法のことである。この日から三日以内に申請すれば、不法入境者であっても、すでに香港に居住している者に限り、香港の身分証を得ることが可能となった。もし陳さんがもうしばらく香港に滞在していたら、香港の身分証を得て、香港で商売を続けていくことができたかもしれない。だが、陳さんはすでにこの時澳門にもどっており、この「大赦」の恩恵に浴することはなかった。

二十年前、「大赦」を待たずに澳門にもどってきたことは、陳さんのその後の人生をどのように変えたのだろうか。陳さんはそれについて何も話してはくれなかった。けれども古いアパートの一室で一人暮らしをする陳さんの現在の境遇と、乩示がどれほど「霊《リン》」（霊験がある）であるかを熱っぽく語るその口調は、彼にとって、そのことがどれほど無念であったかを如実に物語っていた。

劉さんの場合

公立の清掃局の職員として働く劉さん（仮名、四十四歳）は、香港の貧しい家庭に生まれた。小学校にもまともに通えず、早くから社会に出て働いた。二十五歳の時、彼はある酒楼でウエイターとして働くことになった。その頃、彼は鼻炎にかかっていて、しょっちゅう鼻血が出た。医者に見せると、鼻骨が曲がっているので手術が必要だと言われた。当時、その酒楼によく飲茶に来ていた夫妻に、紫闕玄観で祖師にお願いしてみたらと勧められた。夫妻は紫闕玄観の理事だった。劉さんはさっそくその夜紫闕玄観を訪れ、「求方」をした。すると祖師は一枚の薬方を処方してくれた。薬方には「鮮荷葉」（生の蓮の葉）を他の薬草といっしょに煮出して飲むこと、と書いてあった。その日のうちに薬材舗に行き、処方通りの薬草を購入したが、新鮮な蓮の葉を切らしているので、乾燥したのでもよいかと言われた。しかたがないので、乾燥した蓮の葉を買い、煎じ薬を作って飲んだ。次の日もう一度壇を訪れると、祖師は乩示で次のように言った。「汝必須用鮮荷葉方為有効」（汝、新鮮な蓮の葉を用いよ。そうしてこそ効果があるのだ）。新鮮な蓮の葉を使わなかったことを祖師に指摘され、彼はとても驚いた。その後すぐに、新鮮な蓮の葉を入れて煮出した薬を飲んだところ、それから鼻血が出なくなった。劉さんは、自分と祖師との縁はこのように始まったのだと述懐する。

また、こんな出来事もあった。午後の休み時間に仮眠をとると、時々金縛りのような状態になってしまう。周囲の人の声は聞こえているのに、身体を動かそうとしても動かない。この時もすぐに紫闕玄観を訪ね、問事をした。その時の乩示は次のようなものだった（ここであげた乩示は、すべて劉さんが暗唱してくれたものである）。

穢物皆由心魔発　　穢物はみな心の魔より発す
従今立善補其初　　これより善を行い初心にかえれ
若然表現真心見　　もし真心を現そうとするなら
法紙一張念弥陀　　一枚のお経で弥陀《みだ》を念じよ

彼はこの乩示を受けて、信善系列壇の基本経典である『信善真経』を借り、宿舎で念じた。それ以来金縛りにあうことはなくなった。

最終的に彼の信仰を決定づけたのは、後に劉さんがバイクの事故を起こした時の体験だった。当時バイクの免許を取りたかった劉さんは、祖師に「バイクに乗る練習をしてもよいか」と尋ねた。すると次のような乩示が下された。

此為険勢事先驚　　これは凶相の兆候があるので、前もって注意せよ

人肉包金実成形　（でないと）人肉が金属を包み形を成すことになろう
今応醒其為先見　今そのことを知り、先見の明と為せ
可得不成更安寧　成就しなければより安寧であろう

劉さんはその時乩示をざっと見ただけで、「免許をとるのはまったく問題ない」と早合点してしまった。ところがそれから約一か月後、彼は事故に遭った。太腿の骨を折る重傷だった。彼は改めてこの乩示を読み返し、「バイクは危険だからやめなさい、きっと怪我するだろう」という意味が込められていたことを知った。「ここには今でも針金が中に入ってる。まさに〝人肉は金属を包み形を成す〟だよ。」劉さんは私に足の傷を指し示しながら言った。

劉さんは見舞いに来てくれた友人に頼み、代理で「問事」してもらった。友人は、「師尊の話（乩示）によれば、怪我は軽い、大丈夫だ」と太鼓判を押してくれた。劉さんはその言葉を信じた。彼が信じられたのは、それまでに鼻炎を治してもらったり、金縛りを止めてもらったりと、祖師に何度も助けてもらっていたからだという。

退院した後、彼は松葉杖をついて再び壇を訪れた。曲がらない足で跪こうとすると、砂の上に「来者不便、請起立」との文字が書き出された。足が不自由ならば無理に跪く必要はないと、祖師は気遣ってくれたのだった。彼が入道することを決心したのは、それからまもなくのことだった。

なぜ乩示を信じるのか

乩示を信じるようになり、最終的に入道へと至る過程は人によってさまざまだが、共通しているのは、彼らはいずれも乩示が当たったこと、薬方が効いたこと、呂祖と結び付いた奇跡などの体験を通して、乩示の霊験を確信するようになり、それにつれて少しずつ呂祖に対する信仰心を強めているという点である。乩示の霊験への確信は、二度、三度と続く不思議な体験と、あの時はあんなことがあった、今回はこうだったと、常に反復し、乩示の内容と実際の出来事を関連づけて思い返す行為によって深められていくことがわかる。

乩示は解釈という作業を通さなければ、ただの詩句か、あるいは詩句でさえもないただの文字の羅列に過ぎない。乩示は、そのとき本人が知りたいと考えていることや個人的な情報、またそれまでの体験などと結び付けられることによって、初めて意味を持つようになる。

また、乩示のほとんどは一度読まれるだけで、いつしか忘れられてしまうが、一部の乩示は、時を置いて何度も読み返され、再解釈されることがある。とりわけ、人生を左右するような大きな出来事を経てから、もう一度かつての乩示を読み返すと、かつて意味を持たなかったいくつかの語彙が、にわかに意味を持ち始めることがある。陳さんが受け取った乩示の中の「ただ望む、辛酉に福の生まれんことを」の一節が、陳さんにとって決定的な意味を持つようになったのは、おそらく乩示を受けとった一九七七年ではなく、すでに彼が澳門にもどり、新しい入境法が施行されてからであっただろう。劉さんの場合、事故に遭わなければ、その乩示はずっと「バイクの免許をとってもよい」という意味に受けとられていたであろうし、おそらくは特に記憶に残らなかったに違いない。ところが事故に遭ったことで、彼は再び乩示を読み返し、当初彼が解釈したのとは逆の意味であったことを認識した。「人肉包金実成形」という文句も、そこで初めて意味をなしたのである。

乩示の持つ臨場感と即興性も、人々に信仰という情熱を呼び起こす魅力の一つである。乩示の文句は口語と文語が適度に交じり合い、呼びかけや警句が含まれ、信者はその場で神から直接話しかけられているような親近感を味わうことができる。黄観主は、公開の扶鸞儀礼の場で、思いがけなく祖師に褒められ、祖師は自分のことを見てくれているのだと感動した。鄭さんは、乩示を清書する作業を通して、師尊が自分たちから遠く離れたところにいるのではなく、いつもそばにいて見守ってくれる存在であることを実感した。怪我をした劉さんは、砂の上に書かれた跪く必要はない、という言葉に祖師の思いやりを感じ取り、最終的に入道を決意したのだった。

4　呂祖の弟子となる

調査者と信仰者の立場

紫闕玄観に通うようになって一年以上過ぎると、ほとんどの信徒と顔見知りになり、信徒と同じように礼拝に参加し、法会の手伝いをすることも頻繁になった。私があまりにも自然に信徒たちに溶け込んでいたせいか、何人かの信徒は私がすでに入道したものと思い込み、女性信徒に呼びかける際に使う「師姐《シージェ》」という呼称で私を呼ぶことがあった。そのたびに、「私は入道していないので」と否定するのだが、彼らは一様に不思議がった。「あら、なんで入道しないの？　あなた熱心だから、祖師はすぐ弟子にとってくれるわよ。」彼らは、私が入道を拒否されるのを恐れてなかなか言い出せないのだと思い込んでいたようだ。

私が入道しなかったのは、正直なところを言えば、誰にも強要されなかったし、勧誘もされなかったからだ。宗教結社によっては、研究者の調査を受け入れる代わりに、まず研究者自身が入信することを求めるところがある。だが、紫闕玄観の人々は私に入道を迫ることなく、私が信徒という立場でなく行事に参加することをまったくとがめず、むしろ歓迎してくれた。そのため、私はずっと、調査目的のために入道することは是か非か、という問題をつきつめて考えることを免れてきたとも言える。

だが、信仰者ではなく調査者という立場で宗教集団の中に入るという体験は、実際には矛盾に満ちたものだった。信仰者の立場とは、扶鸞という現象は神霊の働きかけによって生じたものと考え、神霊の存在を信じることである。一方、人類学や歴史学の調査者は、宗教現象を人間の精神的・社会的活動の所産、つまり文化ととらえるため、扶鸞もまた人為的なものと見なすことになる。つまり乩示は神の言葉ではなく、乩手や信徒の潜在的な意識や欲望が反映されたものであると考えるのである。けれども、扶鸞儀礼の場を観察しているとき、あるいは信徒の話を聞くとき、彼らの信仰を尊重しようとするなら、「その乩示はあなたがたの潜在意識のあらわれですよ」などと口にすることができるだろうか。

紫闕玄観に通うようになって一年以上が過ぎたある夜、こんなことがあった。その夜は雨が降っていたためか扶鸞の儀礼に訪れる一般信者も少なく、壇内は親しい信徒たちばかりが集まっていて、気楽でうちとけた雰囲気が漂っていた。その日の乩手を務めていたのは信徒の中でも一番親しいHさんだった。彼は薬をもらいに来た数人の信者に処方を降してしまうと、暇をもてあましたのか、私に話しかけてきた。確か日本人の女性の名前はなぜ子がつくんだ、どういう意味があるんだ、というような質問だったように思う。話はそのうち私の名前の由来にまで及んだ。話題がとぎれると、突然Hさんは乩筆をひょいと取り上げ、乩筆で沙盤の上に私の名前を書いた。それはいかにもいたずら書きのように見えた。ところが、まわりの信徒たちは口々に、「あれ、師尊があんたの名前を呼んでいるよ」と言ったのである。私は思わず「えっ、ただのいたずら書きでしょう⁉」と言いそうになったところで、その言葉を急いで飲み込んだ。乩手も信徒も私のことを祝福してくれ、私はうながされるままに祭壇の前に跪き、師尊に感謝の言葉を述べた。

結局のところ、私が紫闕玄観でとっていた態度とは、信者に調子を合わせて、扶鸞が神霊の働きかけによるものであると信じるふりをすることだったのだ。信徒たちに話を合わせようとすればするほど、信じているふりをしていることが後ろめたかった。やがて、信徒たちと親しくなり、信徒の物語に耳を傾けるうちに、乩示が神の言葉であると信じることができない自分に、もどかしさを感じるようにさえなってきた。信じることができなければ、信徒たちの物語に本当の意味で共感し、信仰者にとって確かに存在する信仰世界のリアリティを理解することはできないのではないか、という疑問につきあたったのである。

入道への迷い

この疑問は、宗教集団を調査する人なら一度はつきあたる疑問ではないだろうか。調査者から信仰者になってしまった人のことを「ミイラ取りがミイラになる」などと、揶揄めいた言い方をすることがある。ミイラになった人は、いったいどこからその一線を踏み越えるのだろう。ミイラになれない私には、どうしてもそのへんが不可解だった。

一九九四年一月からの四か月間は、深水埗に住む信徒一家の家に居候させてもらったこともあり、紫闕玄観の人々とのつきあいは一層親密になった。中国本土への遠征にも同行し、寝食をともにした。彼らと親密になればなるほど、彼らのことを「師兄《シーヘン》」「師姐《シージェ》」と親しく呼べないことをもどかしく感じるようになった。

その頃になって、思いがけないことに、あるリーダー格の信徒から入道したらどうかと勧められた。彼は私の調査にずっと協力的で、いろいろな便宜を図ってくれた人だった。彼はなぜ私に入道を勧めたのだろう。彼は「もう一年以上も我々についてきたのだから」と言った。「入道」とは長い「学道」の過程の入口である。彼の言葉は、「あんたはもうその門をくぐってもいいよ」という意味だったのである。

「学道」というと、その言葉の重みに思わずたじろがざるを得ないが、思い起こせば一九九一年の十二月、初めて扶鸞の儀礼に参加したとき、私は確かに叩事表に「中国道教について勉強したい」と書いたのではなかったか。あのとき書いたのは、道教について「学問的に」勉強したいという意味だったなどという言い訳は彼らには通用しない。紫闕玄観の人たちは、最初からずっと私のことを「調査者」とは見ていなかった。彼らは私のことを自分たちと同様「学道」を志す者と見ていた。そして私を手助けすることが、そのまま私を「学道」へと導くことだと考えていたのだ。

信善紫闕玄観の入居している建物
（中央のビルの最上階部分）

日本に帰る日が刻々と近づいていた。私は、二年近くもの間私を受け入れ、手助けしてくれた紫闕玄観の人々の気持ちに報いるには、入道しかないのではないかと考え始めていた。その矢先に、ずっと私のことを見守ってくれた信徒から、「入道してはどうか」と勧められたことで、背中をポンと押されたような感じがした。だがそれでもまだ、私には迷いがあった。扶鸞を信じていない、「学道」の意味も理解していない私が入道することは、彼らを騙し続けることではないのか、という思いがつきまとったからだ。

西樵山麓の雲泉仙館

西樵山での体験

　そんなある日、広州に資料調査に出かけた際、広州から程近い南海県の西樵山《せいしょうざん》に登る機会があった。西樵山は懸崖のそそり立つ奇勝と豊かな水、そして薬草に恵まれた仙境として、古くから煉丹《れんたん》や瞑想を行う道教徒を魅きつけてきた道教聖地である。山中の至るところに仙人が丹を煉《ね》ったとされる場所や薬効のある井泉がある。また紫姑神が修練したとされる玉女峰、仙人が集まる聚仙峰《しゅうせんほう》、仙人と遭遇する遇仙橋《ぐうせんきょう》など、神仙にちなんで名付けられた峰や岩も多い。観光化の進んだ現在でも、山中の鬱蒼とした竹林、深い谷、暗い洞窟は、仙人の存在を信じさせるに足る神秘性を漂わせている。

　観光コースをはずれ、人気のない山道を歩いていくと、清らかな水を湛える泉があった。人々の住む下界の水はあんなに汚れているのに、西樵山の山奥の岩場からほとばしる泉水は千年以上前と変わらず澄み切っている。容赦ない開発の波にさらされる珠江デルタ地域で、このような美しい自然環境が保たれていることは奇跡に近いことのように思えた。この清らかな環境が保たれてきたのは、古くからこの山が仙人の棲む聖地として敬われ、また畏れられてきたからであろう。

私は山道を歩きながら、確かに、ここなら神仙が顕れても不思議はないかもしれないと思った。西樵山は呂洞賓が出没した山としても知られていて、岩に大きな足跡を残したり、薬草を摘みにやってきた孝行息子に薬の処方を授けたりしている。私の前に呂祖は顕れなかったが、それは私が気づかないだけなのかもしれなかった。

西樵山のみずみずしい自然に包まれていると、入道をめぐってそんなに迷う必要はないのではないかという気がしてきた。ここで神や仙人の存在を感じ取れたことだけで十分ではないかと考えた。そして、香港に帰ったら入道を申し出てみようと決心した。

入道儀礼

広州から帰ってきて一週間ほど経ったある日、私は普救の儀礼が始まる時間より少し早めに壇に行き、叩事表に「請求　師尊将我収録弟子」（師尊よ、私を弟子にとってください）と記入した。いつもの問事と同じように、自分の名前が呼ばれてから祭壇の前に跪く。見上げた祖師の顔写真はもう見慣れていて、少し悲しそうな表情に見える。

入道儀礼では必ず呂祖の聖訓が降される。私の入道儀礼に降された聖訓は次のようなものだった。

東洋遥遠認吾親　遥かに遠い東の海から私を知り
辛労不拘学道行　辛労をいとわず、学道を志してきた
多明中国何闡道　より多く中国を理解し、いかに道を明らかにするか
学道只求一照心　学道はただひたすら明らかな心を求め
誠忠信孝便可行　誠忠信孝であればこそ可能であろう
汝到吾壇已数載　汝が吾が壇に来るようになってすでに数年
心善誠懇已知聞　心がけ善く誠意あることはすでに聞き及んでいる
汝須来自東洋　汝は東の海より来たれ
今後若無時間光臨香港　今後もし香港に来られない場合
汝可否来信連絡？　汝は手紙を書き、連絡をとることができるか？

祖師の質問に私はうなずいた。すると、続けて、

好、汝真心、余亦真意収録為弟子
取名「観恒」
　よろしい、汝の心が真なら、私もまた真意をもって弟子としよう

道号は「観恒《かんこう》」とする

道号が降された後、左手を挙げ、紅紙に書かれた誓詞を読み上げた。内容は祖師の主旨を守って行動することを誓うというものである。その後三拝九叩し、左手の掌に呪《じゅ》が施された。

紫闕玄観の壁に掲げられている「宗旨」

拝礼を終わって立ち上がると、「弟子符」が渡された。乩手のHさんがやってきて、私の道号「観恒」の恒とは、「恒心」（変わらぬ心）の恒だと教えてくれた。Hさんはこれからも変わらぬ心で「学道」の志を持ち続けてほしいと言った。こうして私は呂祖の弟子となることを許された。

扶鸞結社の信徒たちとずっと接してきてわかったことは、扶鸞とは神の意思を知る占術の一つだが、扶鸞結社に集う人々にとって、扶鸞はそれ以上のものであるということである。人々は扶鸞を介して神と出会い、対話し、励まされたり、叱られたりし、最終的には神の弟子となり、「学道」という長い道のりの入口へと導かれる。扶鸞の行われる場に人々は集まり、見知らぬもの同士が扶鸞を介して兄弟姉妹となる。私と紫闕玄観の人々、私と呂祖との縁をとりもってくれたのもやはり扶鸞であった。私はときどきこんなふうに考える。扶鸞とは、人と神、人と人との縁をとりもつ魔法の杖のようなものだと。

第三章
扶鸞信仰の歴史

1　扶鸞儀礼の変遷

中国における扶鸞信仰は、その形態や担い手は少しずつ変化しながらも、千五百年以上にわたって受け継がれてきた。伝統社会に生きた人々は、現代香港のビジネスマンや家庭の主婦が、扶鸞のお告げによって生きる指針を与えられ、また病を癒されているのと同じように、いや、おそらくはもっと切実に扶鸞を必要とした。本章では中国における扶鸞の歴史をたどるとともに、扶鸞信仰が中国の伝統社会においてどのように実践されてきたのかを見ていきたい。

扶鸞研究と許地山

中国の扶鸞信仰に対して学術的な関心が向けられるようになったのは、十九世紀末に中国に長期滞在した欧米人の報告からであった。中でも、ライデン大学等で中国学《シノロジー》を講じたオランダ人学者デ・ホロート（一八五四〜一九二一）は、『中国の宗教制度』の中で、十九世紀末に厦門《アモイ》の乩壇で行われていた扶鸞のやり方を詳細に報告するとともに、扶鸞の起源に関しても考察を加えている。

もっとも、扶鸞信仰について早くから知られていたという点では、欧米よりも日本のほうが早いかもしれない。幸田露伴は、江戸時代から明治までに蓄積された膨大な漢学の知識の中から、中国の神仙信仰とそれと深く関わる扶鸞信仰に注目し、「扶鸞之術」「仙人呂洞賓」などのエッセイを残している。また、実地調査に基づく報告では、戦時中に中国大陸で宗教結社の調査を行った吉岡義《よし》豊《とよ》や酒井忠夫、日本統治時代の台湾で調査を行った伊能嘉矩《かのり》、増田福太郎などが、扶鸞の実態、とくに扶鸞と宗教結社や善書との関わりについて早くから言及していた。

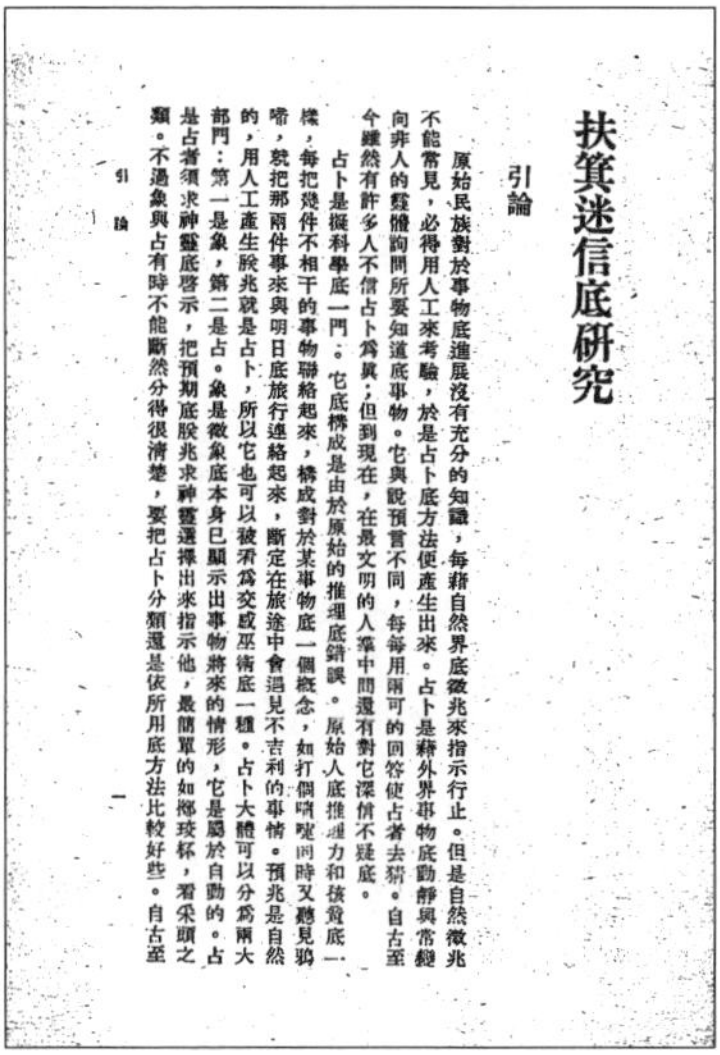

扶箕迷信底研究

引論

原始民族對於事物底進展沒有充分的知識，每藉自然界底徵兆來指示行止。但是自然徵兆不能常見，必得用人工來考驗，於是占卜底方法便產生出來。占卜是藉外界事物底動靜與常變向非人的靈體詢問所要知道底事物。它與說預言不同，每每用兩可的回答使占者去猜。自古至今雖然有許多人不信占卜爲眞；但到現在，在最文明的人羣中間還有對它深信不疑底。

占卜是擬科學底一門。它底構成是由於原始的推理底錯誤。原始人底推理力和孩童底一樣，每把幾件不相干的事物聯絡起來，構成對於某事物底一個概念，如打個噴嚏同時又聽見鴉啼，就把那兩件事來與明日底旅行連絡起來，斷定在旅途中會遇見不吉利的事情。預兆是自然的，用人工產生朕兆就是占卜，所以它也可以被看爲交感巫術底一種。占卜大體可以分爲兩大部門：第一是象，第二是占。象是徵象底本身已顯示出事物將來的情形，它是屬於自動的。占是占者須求神靈底啓示，把預期底朕兆求神靈選擇出來指示他，最簡單的如擲珓杯，看采頭之類。不過象與占有時不能斷然分得很清楚，要把占卜分類還是依所用底方法比較好些。自古至

引論　一

『扶箕迷信底研究』引言

だが、扶鸞に関する最初のまとまった学術的研究を挙げるとすれば、許地山《きょちざん》（一八九三〜一九四一）の『扶箕迷信底《の》研究』をおいて他にはないだろう。『扶箕迷信底研究』が著されたのは、許地山が香港大学で教鞭をとっていた晩年の一九四〇年のことである。許地山の扶鸞に対する見方は、彼自身が「箕《き》

（乩）の運動は鬼神のしわざではなく、霊感や霊動現象を可能にする心霊能力と、その場に集まった人々の潜在観念のなせるわざである」と述べているように、啓蒙的知識人らしく、当時流行していた心理学や心霊主義の知識を駆使した科学主義の立場に立つものであった。その解釈の是非はともかくとして、古今の小説、随筆、地方志の類を渉猟し、扶鸞に関するおびただしい文献から扶鸞信仰の起源をたどったその博学ぶりは、文学者として、また道教学者として名を馳せた許地山の面目躍如たるところであった。その後扶鸞について論じた研究のほとんどが、多かれ少なかれ許地山の説を踏まえていると言っても過言ではない。本書でも、まずは許地山の説に従いながら、扶鸞の源流をたどってみたい。

紫姑神——扶鸞信仰の源流

扶鸞信仰の源流は、五世紀頃にはすでに江南一帯に広がっていた紫姑神《しこしん》（または子姑神《しこしん》）を迎える風習に溯るとされている。紫姑神について記した最も古い記録とされる六朝の志怪小説集『異苑《いえん》』によれば、人々は正月十五日になると、厠や豚小屋で人形をまつる。人形が大きく動けば吉、仰向けになったまま動かなければ凶と判断し、この人形の動きで養蚕の出来具合など諸事を占うとある。当時の言い伝えによれば、紫姑神は生前子胥《ししょ》という男の妾で、正妻の曹姑《そうこ》の嫉妬を買って汚れ仕事ばかり言いつけられ、あまりのつらさに、ついには正月十五日に自殺して果てたという。

紫姑神を迎える方法は、六朝の記録では、人形の動きによって吉凶を占う単純なものであったが、宋代の文献には、箕《み》や箒《ほうき》、箸、筆などの道具を用いて文字を書いたという記載がちらほら現れる。北宋の詩人蘇東坡《そとうば》（蘇軾《そしょく》、一〇三六～一一〇一）は『東坡集』巻十三の中で、黄州（湖北省）に移り住んだ郭《かく》氏の家では、草木に衣をまとわせ箸を持たせたものを女性に見立て、二人の子供に担がせて女仙を招いたと記している。女仙は何媚《かび》と名乗り、唐代の地方長官の妾となったが、正妻の妬《ねた》みに遭い厠で殺されたと、自らの来歴を箸を用いて記した。また江淮《こうわい》地方（長江・淮河《わいが》流域）でも正月になると箕や箒に衣服をまとわせて子姑神を招くが、時には字を書くこともあった、という。

紫姑神を招く儀礼（『点石斎画報』文集）

南宋の洪邁《こうまい》撰『夷堅志《いけんし》』巻四十二には、「（紫姑仙とは）世間ではただ箕に筆を挿し、二人でこれを支え、沙《すな》に字を書く」とあり、現代香港の金蘭観という扶鸞結社で行われている扶鸞とほぼ同じやりかたが、当時も行われていたことがわかる。

紫姑神が降りるのは、箕や箒などの道具とは限らない。人間の身体をよりましとして降臨し、手にした筆で文章を書くこともあった。北宋の科学者として知られる沈括《しんかつ》は、『夢渓筆談《むけいひつだん》』巻二十一の中で、北宋の景祐年間（一〇三四〜一〇三八）、太常博士王綸《おうりん》の家で紫姑を招いたところ、ある女仙が未婚の女性に降り、上帝の後宮に仕える者であると名乗った。女仙は文章をよくし、その書は非常に筆力があり、世間一般の篆書や隷書とは異なるものであったと述べている。その女性が結婚してからは、神が降りることはなくなった。

沈括が生きた時代、紫姑神は詩文だけでなく、さまざまな能力を発揮するようになった。沈括は言う。「近年紫姑仙を迎える者極めて多く、文章をよくし、詩歌をたくみとするものをよく見かける。多くは自ら蓬萊《ほうらい》よりの謫仙《たくせん》（天上世界から追放された仙人）と称している。医卜《いぼく》は不可能なことはなく、将棋は名人を敵となす。」

文字によるメッセージ

ただし、人間の身体をよりましとして神霊が降臨し、文字でメッセージを残すという方法は、宋代よりももっと古くから存在した。六朝時代、現在の江蘇省句容《こうよう》県の茅山《ぼうざん》で、楊羲《ようぎ》という青年（三三〇〜三八六）のもとに、三十年前に亡くなった南嶽魏《なんがくぎ》夫人・（魏華存《ぎかそん》）・愕緑華《がくりょくか》・紫微《しび》夫人・九華《きゅうか》安妃《あんぴ》といった女仙を主とする真人《しんじん》（道を体得した者、すなわち神仙）が次々と降り、教えを口授していった。楊羲の筆によって書きとめられた文章は、その格調高い文体と見事な筆跡で人々を驚かせた。後にそれらの文書は、当代一流の道教徒であった陶弘景《とうこうけい》（四五六〜五三六）によって編集され、注釈が加えられた。これが『道蔵』太玄部《たいげんぶ》に収められた『真誥《しんこう》』二十巻である。「真誥」とは真人の伝えた「誥」（さとし）という意味である。楊羲を通して伝授された経典は、彼と親交を結んだ許氏一族へと伝えられ、陶弘景により道教の上清《じょうせい》派の経典として体系化された。仙人の降筆による「誥」の授受という伝統は、扶鸞の起源の一つに数えられるだけでなく、宗教文献、とりわけ道教経典の成立と深く関わっている。

扶鸞の原型をジェンダーという観点から見てみると、女性に見立てた人形や未婚女性に降りる紫姑神といい、また楊羲に降りた女仙たちといい、女性性と関わりの深いものであったことがうかがえる。もしも紫姑神信仰が文字を媒介とする性質を開発しなかったとしたら、おそらくその後もずっと、女性たちの周縁文化にとどまっていたであろう。だが、文字を使って神霊のメッセージを書き留める方法が導入されたことによって、文章のたくみさや筆跡の見事さを示すことができるようになり、その神託は男性社会にも受け入れられるようになった。こうして、扶鸞は文字を神聖視する中国高位文化への仲間入りを果たしていくのである。

宋代から明清時代へ

扶鸞の形態や担い手に変化が生じたのは、宋代以降と言われている。まず神霊が降りるのは正月十五日に限らず、しかも神霊は紫姑神とも、女仙とも限られなくなり、あらゆる神霊を招くことが可能となった。もう一つは、これが最も大きな変化であるが、担い手の中心が女性から男性知識人へ、とりわけ士大夫《したいふ》、あるいは読書人と呼ばれる階層へとシフトした点である。

皇帝を頂点とする中央集権官僚体制が確立した宋代、科挙受験熱はますますエスカレートし、なんとしてでも科挙に受かりたいと願う人々は、神仙の力を借りることも辞さなかった。『夷堅志』にも、科挙が行われる直前に出題される題目を予測するため、紫姑神を招いたという記事が見える。南宋の紹興丁巳《ていし》年（一一三七）の秋、福建省莆田《ほでん》の方翥《ほうしょ》という若者は郷挙（科挙の地方試験）に応じるため、毎日のように紫姑神を招いて題目を問うた。神は「天機漏らすべからず」として教えようとしなかったが、何度も請うたところ、「中和」の二文字が書き出された。翥は、詩賦の中から「天子建中和之極」「致中和、天地位」「以礼楽教中和」「中和在哲民情」などの文を探し当て、どれが出題されてもいいように準備しておいた。ところが、出された賦の前題は「中興日月可」、後題は「我和戎、国之福」であった。方翥は乩示の意味を初めて理解した。

明代には、現在の扶鸞の方法に近いものが普及していたようである。明の正統九年（一四四四）の序を持つ『天皇至道太清玉冊《てんこうしどうたいせいぎょくさつ》』巻三の「通天宝籙大法《つうてんほうろくたいほう》三十三階」には、通天、すなわち天と通じ合う法術として「附体、舞仙童、過陰、追摂《ついせつ》、降筆、太極鸞《たいきょくらん》、筆架鸞《ひっからん》、懸糸鸞《けんしらん》、封匣鸞《ふうこうらん》」という名前が記載されている。このうち、最初の四つは、童乩《タンキー》や巫婆《ウーポー》など霊媒の身体に神霊をのりうつらせる方法、後の五つが筆やその他の道具を使って文字を書く扶鸞のさまざまな方式を指していると思われる。「太極鸞」というのはよくわからないが、「筆架鸞」というのは乩架《けいか》と筆を組み合わせたものであろう。「懸糸鸞」はおそらく糸で上から乩筆をつるす垂直型である。「封匣鸞」は匣《はこ》を用いるようだが、具体的にどのような方法かはよくわからない。

明の歴代皇帝の中でも、世宗《せいそう》（嘉靖《かせい》帝）は道教的なさまざまな呪術に入れ込んだことで知られているが、とりわけ扶鸞にご執心であった。皇帝は藍道行《らんどうこう》という扶鸞の術に長けた道士を側近として重用し、禁中に乩仙台《けいせんだい》を作り、政事はすべて乩仙のお告げに従って決定するほどの熱中ぶりであった。

清代になると、扶鸞はほぼ全国的に普及し、許地山の言葉を借りて言えば「だいたいどこの府県の城市にも必ず箕壇《きだん》（乩壇）があり、扶乩を専門とする宗教的職能者がいて、人家に招かれたり、自宅や廟の中に壇を設ける」という状況となった。ただし地域別に見れば、どちらかと言えば北方よりも南方で盛んだったようである。

この時代、扶鸞があらゆる社会階層の人々によって、ごくあたりまえに行われていたことは、少し注意してみれば身近な小説や随筆からも、うかがい知ることができる。たとえば、清代の長編小説『紅楼夢《こうろうむ》』第十五回に、登場人物が扶鸞によって失せ物のありかを占うシーンが出てくることはよく知られているところである。また怪奇譚を集めた蒲松齢《ほしょうれい》の『聊斎志異《りょうさいしい》』、紀昀《きいん》の『閲微草堂《えつびそうどう》筆記《ひっき》』や袁枚《えんばい》の『子不語《しふご》』などにも、扶鸞で乩仙と詩をやりとりしたり、碁を打ったり、科挙の問題を尋ねたりするくだりがしばしば登場する。また地方志の雑録をたんねんに見ていけば、扶鸞や乩仙に関する記事が一つや二つ、必ずどこかに見つかるはずである。

許地山が古今の文献から集めた扶鸞に関する豊富な資料からは、扶鸞を介した神仙と人間の親密な関係が浮かび上がってくる。扶鸞という手段で神仙と交信すれば、科挙の問題や運命を知る、将棋や碁を打つ、詩をやりとりする、謎かけをするなどは朝飯前で、神仙によっては薬方を処方したり、国宝級の書画を描いたり、さらにはなんと道観（道教の寺院）の設計図まで書くことができた。

明律《みんりつ》及び明律を継承した清律《しんりつ》では、「禁止師巫《しふ》邪術」の項に、師巫が邪神の降臨を騙《いつわ》って、「書符呪水」し、「扶鸞禱聖《とうせい》」することを、白蓮教《びゃくれんきょう》等の宗教的秘密結社の「左道乱正」の術と並んで禁断すべきものとしている。だが実際には、扶鸞は公的な場でも行われており、その中には書院や会館、さらには邪術を取り締まる側の役人が出入りする県公署さえも含まれていた。明律及び清律の規定はほとんど建て前に過ぎなかったのである。

清代の政府高官の中にも扶鸞を信仰する人は少なくなかった。清末の政治家曾国藩《そうこくはん》（一八一一〜一八七二）は、もともと扶鸞等の術を信じていなかったが、太平天国軍との戦いに関する不吉な預言が当たったことで、これを信じざるを得なくなった。両広総督葉名琛《しょうめいしん》（一八〇七～一八五九）になると、これはもうほとんど狂信的な扶鸞マニアで、彼は第二次アヘン戦争を指揮した際、扶鸞の神託を信じるあまり、兵力の増強を拒み、英仏連合軍の広州侵攻を許してしまったと言われる。近代の著名人の中にも扶鸞の愛好者は少なくなかったが、これについては第四章で述べることにしよう。

善書――扶鸞と民衆教化

扶鸞の歴史にとってさらに重要なことは、清代以降、扶鸞は単なる占いや遊戯としてだけでなく、そのメッセージが勧善懲悪、因果応報などの通俗道徳を説く「善書《ぜんしょ》」という形をとって流布し、民衆教化に大きな役割を果たしてきた点にある。

「善書」（勧善書）とは、善行を勧める書の意味で、庶民を対象として通俗道徳を説く書物の総称である。善書の刊行は、善書の王様とも言うべき『太上感応篇《たいじょうかんのうへん》』が著された南宋初期に始まり、明清時代に盛んとなった。扶鸞を介して神仙に仮託された善書、すなわち「鸞書《らんしょ》」の作成が始まるのは、善書刊行が最初のピークを迎える明末清初である。『太上感応篇』とともに「三聖経《さんせいきょう》」と並び称される『文昌帝君陰隲文《ぶんしょうていくんいんしつぶん》』は、文昌帝君の降筆によって明末に作成され、『関聖帝君覚世真《かんせいていくんかくせいしん》経《ぎょう》』は、清代初期に関聖帝君の降筆によって作成された。善書刊行が再び盛んになった清代後期には、新しい善書の多くが扶鸞によって作成されるようになった。

善書刊行の主要な担い手となったのは、地域社会において指導者的役割を果たしてきた「善人」と呼ばれる知識人であり、その中には郷紳、商人、学者、文人、僧侶など、さまざまな人々が含まれていた。彼らは聖賢神仏の「乩示」に従い、「善」を行うことを最大の使命として、各地に扶鸞を核とする結社を設立した。こうした結社は一般に「善堂」「鸞堂」と呼ばれた。そこでは定期的に扶鸞儀礼が行われ、その場に降された諸仏神仙の教えは、「宣講《せんこう》」という、文字の読めない人々にも理解できるよう口頭でわかりやすく解説する一種の講義形式で人々に伝えられた。また、善堂に来られない遠くの人々にもありがたい教えが伝わるように、毎回の扶鸞で降された乩示を編集校正し、善書として配布した。善書を刊行し配布することは、功徳を積む手段の一つと考えられていたので、信者は率先して出資をした。このため、善書の奥付には多くの場合、善書の刊行にあたって出資した個人や団体の名前が記されている。善堂のもう一つの重要な活動とは、扶鸞を介して神仙の薬方を伝え、その薬方に基づいて薬を無料で処方する「贈医施薬《ぞういせやく》」である。霊験あらたかなことで知られる神仙の薬方は、「薬籤《やくせん》」（おみくじの一種で薬の処方が書かれている）という形で、広く流布することもあった。

十九世紀後半、扶鸞結社の設立と善書刊行は、かつてないほどの熱狂的なブームとなって中国全土に拡大する。この清末以降の扶鸞結社運動については、第四章で詳しく述べることにしたい。

2　扶鸞信仰の諸相

宋から明清時代にかけて、扶鸞信仰は社会の上層・下層を問わず、あらゆる階層に、さまざまな形で広がっていった。扶鸞信仰をめぐるさまざまな社会的・文化的現象は、宋代以降、社会階層を越えて共有される大衆文化が生まれ、成熟していく状況を反映している。ここではより具体的な事例を挙げ、扶鸞信仰が伝統社会に生きるさまざまな人々によって、いかに実践されていたのかを見ていこう。

(一)　文人と扶鸞信仰

これまで中国文化において、「巫俗」すなわち神霊との交流という行為と、それにまつわるもろもろの風俗は、どちらかと言えば、周縁的・民衆的なものととらえられてきた。とくに台湾の童乩のような血みどろの荒行を行う巫者に対し、知識人はこれを無知蒙昧な民衆を騙す迷信的行為として蔑視し、時には厳しく取り締まることさえあった。

ところが、扶鸞信仰に眼を転じてみると「怪力乱神を語らず」を信条としていたはずの知識人が、大っぴらにとまではいかないまでも、どれほど日常的に、またどれほど切実に、神霊との交流を求めていたかがうかがえるのである。ここでは、文人たちが扶鸞に注いできた情熱の一端を垣間見てみたい。

公的な扶鸞と私的な扶鸞

文人の扶鸞との関わり方には、大きく分けて、善堂や廟、会館、書院などで行われる公的な意味合いの強いものと、自宅や祠堂に設けられた乩壇や文人の集う詩社などで、親しい者たちが集まって行う私的な意味合いの強いものとがある。公的な扶鸞と私的な扶鸞では、降臨する神仙や乩示の内容にも多少違いが見られる。善堂や廟で行われる公的な扶鸞儀礼には、呂洞賓、文昌帝君、関帝など、男性性を付与された高位の神仙が降壇し、科挙の試験問題や国事、または道徳的な教えを説く場合が多い。一方、文人たちが私的な集まりで行う扶鸞儀礼には、しばしば美しい女仙が降壇し、雅やかな詩や文章のやりとりが行われた。そのようにして生まれた詩や文章の中には、文学的価値の高いものも少なくなかった。明清時代の小説、随筆、戯曲などに描かれた扶鸞に関する記事を見る限り、文人たちの私生活においてかなりの部分を占めていたのが、この私的で遊戯性を帯びた扶鸞であった。

女仙たちとの交遊

中国文学者合山究《ごうやまきわむ》氏の研究によれば、明清時代には、扶鸞で降臨した仙女との交感、交霊を通して生まれた、一種の心霊主義《スピリチュアリズム》文学がひそかな人気を集めたという(『紅楼夢新論』)。その代表作ともいうべき『西青散記《せいせいさんき》』は、作者史震林《ししんりん》(一六九三〜一七八〇)とその友人が、雍正《ようせい》元年(一七二三)から乾隆元年(一七三六)までの十四年間にわたって繰り広げた仙人との交遊記録である。史震林は江蘇省金壇《きんだん》県の人で、四十五歳で進士となったが、仕官の道を選ばず郷里で隠遁生活を送った。史震林の生まれ育った金壇県は、『真誥』を生み出した道教上清派の発祥地である茅山の山すそに位置しており、古くから扶鸞降筆の伝統が根付く地であった。

史震林らの乩壇には、白衫女子《はくさんじょし》、清華神女《せいかしんにょ》、白羅天女《はくらてんにょ》、碧夜仙娥《へきやせんが》といった女仙ばかりが十名近く降壇したが、いずれも生前は幸薄く、若くして亡くなった佳人であった。『西青散記』の後半部分に登場する双卿《そうけい》に至っては、貧農の家に生まれ、小作人の家に嫁いで辛酸をなめながらも、見事な詩を作り続ける絶世の佳人として登場する。その描写はまるで実在の人物であるかのように真に迫っていたため、同時代ばかりか後世の人々の間にまで、熱狂的ファンを生み出した。

このほか、劇作家として知られる明末清初の尤侗《ゆうどう》（一六一八〜一七〇四）も扶鸞の愛好者であり、扶鸞を介して女仙と霊交することを好んだ文人の一人である。若い頃に著された作品『西堂秋夢録《せいどうしゅうむろく》』によれば、尤侗二十六歳の時、すなわち明朝が滅びる前年の一六四三年、瑤宮花史《ようきゅうかし》という美しい女仙が乩壇に降壇し、詩を作った。瑤宮花史は明初に夭折した女性で、死後西王母《せいおうぼ》に仕えるようになったという女仙である。尤侗は瑤宮花史を本物の佳人のごとく、表情やあでやかなしぐさ、すすり泣く声に至るまで生き生きと描き出した。その後清代に入ってから、尤侗と扶鸞との関わりを示す作品はしばらく途絶えるが、三十年余りを経て再び扶鸞への興味が再燃する。それは長年連れ添った妻の死がきっかけとなった。康熙《こうき》十五年（一六七六）、彼の乩壇に降りたのは木瀆仙姫《もくとくせんき》という女仙であった。木瀆仙姫は、生前太守の妾となり、他の妾の嫉妬を買って殺されたといういわれが示すように、紫姑神の流れを汲む女性神であることを匂わせる。扶鸞の起源となった女性たちのサブカルチャーは、民間の年中行事のみならず、男性文人の私的な扶鸞の中にも形を変えて生き続けていたようだ。

文人たちの私的な乩壇に降壇したのは、なぜいずれも若くして亡くなった薄幸の佳人ばかりだったのだろうか。その理由について、合山氏は当時の文人の多くは不遇の才子であったため、感情移入しやすかったのではないかと推測している。文人たちにとって美しい女仙との交遊は、現実世界の不遇をしばしば忘れ、一時のロマンティックな気分を味わわせてくれるひとときだったのである。

死者との霊界通信

文人たちの私的な扶鸞は、時には、肉親の死という耐え難い悲しみをやわらげるための手段となった。合山究氏は、肉親の死をきっかけとして扶鸞にのめりこんだ文人のケースとして、明末の文人葉紹袁《しょうしょうえん》（一五八九〜一六四八）の事例を取り上げている。葉紹袁は天才詩人として将来を嘱望された葉紈紈《かんがん》、葉小紈《しょうがん》、葉小鸞《しょうらん》の三姉妹の父親であり、妻の沈宜修《しんぎしゅう》も女流詩人として知られていた。葉紹袁が江南有数の文学一家の当主でありながら、霊界に対して異常なほどの関心を持ち、ついには乩仙を通して知りえた霊界情報を、三つの著作にまとめるに至ったきっかけとは、天才詩人として嘱望された三姉妹のうち、三女の小鸞と長女の紈紈が相次いで亡くなるという悲痛な出来事だった。紹袁夫妻は、悲しみのあまり、霊媒を介して娘たちのあの世での消息を尋ねた。その経緯が詳しく述べられているのが、彼の最初の霊界通信の記録『窈聞《ようぶん》』である。その翌年、紹袁は二人の息子と母親、そして妻の相次ぐ死という不幸に見舞われた。うちのめされた紹袁はますます扶鸞にのめりこんでいく。『続窈聞』には、信奉する乩仙泐庵《ろくあん》大師を通じて、死んだ妻や子供たちのあの世での暮らしぶりを尋ねたり、乩仙に頼んで死者の霊を招き、詩を交わし、問答をする様子がドラマチックに描かれている。紹袁はその後も家族に対する追慕の念から心霊世界に強い関心を抱き続け、最晩年には、死者の肖像を描く術を得意とする術士と出会った。『瓊花鏡《けいかきょう》』という作品に描かれたその術は、鏡の中に死者の生前の姿や朱文字を浮かび上がらせるというものであった。

民国の「科学霊乩」

民国期に入ってからは、扶鸞を介した死者との交信記録『吹萬楼日記節鈔《すいばんろうにっきせっしょう》』（以下『日記』と簡略する）が上海の新聞『時報《じほう》』に連載され、世間の話題をさらった（周育民「民国時期一個文壇巨子乩筆下的霊界」）。『日記』の著者高吹萬《こうすいばん》は、江蘇省金山県（現在の上海市に属する）の名家の出身で、詩人として、また蔵書家としても名を馳せた文人である。高吹萬が扶鸞にのめりこんだのは、愛娘の韻芬《いんふん》が結婚を目前にしながら突然病死するという悲しい出来事がきっかけだった。

ちなみに、高吹萬が採用したのは、「碟仙扶乩法《ちょうせんふけいほう》」という方法であった。文字の書かれた「乩字《けいじ》図《ず》」と呼ばれる紙と小皿を用意し、紙の上に伏せた小皿を三人が同時に指で押さえる。しばらく意識を集中させていると、小皿が自動的に動き出し、紙の上の文字を指し示していく。これを霊界からのメッセージとして読み取るのである。当時この方法は、「科学霊乩《かがくれいけい》」と呼ばれ、上海を中心に大流行したらしい。

一九三七年二月に韻芬が亡くなってから、高家では毎夜のごとく碟仙による扶乩が行われた。多くの場合、吹萬夫妻に子供たちが加わったが、時には夫婦二人、あるいは一人だけで行われることもあった。高吹萬と韻芬の霊との対話は、最初は韻芬のあの世での消息を尋ねるものだったが、やがては鬼《き》（死者の霊魂）とは何かという「鬼学《きがく》」の探求へと及んだ。『日記』のスピリチュアルな内容に対して、迷信を助長しているという知識人の批判が相次ぎ、『時報』は一時連載を停止しようとした。だが、批判者の数をはるかに上回る支持者の要望に応え、連載は一九三八年十月まで続けられた。

文人たちにとって、仙界や冥界は彼らが生きる人間界の延長線上に存在するもので、扶鸞という手段によって交信可能な世界であった。彼らの日常生活において、女仙との交遊も、近しい死者との交信も、今日の我々が想像する以上に、ごくあたりまえに、リアリティを持ってとらえられていたのであろう。

(二) 道教徒と扶鸞信仰

扶鸞は儒仏道三教いずれの教徒によっても行われたので、「扶鸞は道教である」と言いきることはできないが、扶鸞がとりわけ道教と深く関わってきたことは事実である。道教と目されるさまざまな知識や実践の中で、扶鸞はとくに目立つ存在ではないものの、実は道教信仰を下支えする重要な役割を果たしてきたと言っても過言ではない。

呂祖オタクの雄「涵三宮」

明清時代の文人たちの中には、道教的な秘儀や養生に高い関心を持ち、実践しようとする人々が少なくなかった。こうした文人道教徒に人気があったのは、呂洞賓、張三丰《ちょうさんぽう》、陳摶《ちんたん》など、文武両面に秀で、内丹の術を会得して得道したとされる道教神仙である。その属性には文人道教徒の理想とするヒーロー像が反映されていた。多くの場合、彼らは高い学識を具えた乩手を中心とした扶鸞サークルを結成し、彼らの信奉する神仙と盛んに交流した。彼らがとりわけ熱中したのは、信奉する神仙の伝記を編纂したり、新しい経典や文集を製作したりすることであった。今で言えば、アニメやコミック「オタク」がヒーローをまるで実在の人物のように扱ったり、勝手にサイドストーリーを作ったりする感覚にちょっぴり似ているかもしれない。

呂洞賓の降筆によって伝記や文集を作成する呂祖オタク集団、いや呂祖乩壇は、明清時代を通じて存在し、おびただしい数のテキストを生み出してきた。清代中期に編まれた呂祖の年譜『海山奇遇《かいざんきぐう》』には、いつどこの乩壇に呂祖が降り、どのような経典が生み出されてきたかが克明に記されており、呂祖オタクたちの系譜をたどるのに便利である。

歴代呂祖オタク集団の中でもとくによく知られているのが、十八世紀湖北の鄂城《がくじょう》（武昌《ぶしょう》）で、長年にわたって呂祖の降筆経典を刊行してきた乩壇「涵三宮《かんさんきゅう》」である。涵三宮は、もともとは同好の士が自宅を開放して扶鸞を行う小規模なグループに過ぎなかったが、次第に参加者が増加し、寄付を募ってついに殿閣を落成するに至った。涵三宮は常々省外の呂祖信徒サークルと連絡を取り合い、各地の呂祖乩壇を結ぶネットワークの中心的役割を果たしていたらしい。

涵三宮では、呂祖の訓示を編集し、康熙四十一年（一七〇二）には『清微三品経《せいびさんぽんきょう》』、康熙五十三年（一七一四）には『禅宗正旨《ぜんしゅうせいし》』、乾隆四年（一七三九）に『参同妙経《さんどうみょうきょう》』と、次々に経典を製作していった。また乾隆五年（一七四〇）からは、劉体恕《りゅうたいじょ》、黄誠恕《こうせいじょ》らにより、宋代以来の呂祖に関する経典や訓告を集めた『呂祖全書』三十二巻の編纂・監修という膨大な事業に着手した。劉体恕は、文昌帝君の乩示や経文、咒をまとめた『文帝全書』の編集にも携わった編集者であり、この手の全集づくりはお手のものだったようだ。

扶鸞と全真教龍門派

扶鸞は、国家公認の正統な道教教派である「全真教龍門派《ぜんしんきょうりゅうもんは》」とも深く関わっている。全真教は十二世紀後半、華北に創始された道教の一派で、出家主義をとり、禁欲的な性格を特徴とする。龍門派は全真教を創始した王重陽《おうちょうよう》の弟子の一人、丘処機《きゅうしょき》を祖師とする分派である。明清時代、全真教は北京の白雲観《はくうんかん》を総本山とし、江西省龍虎山の張天師を頂点とする正一《しょういつ》派とともに道教勢力を二分する勢力であった。
王重陽は、陝西《せんせい》省終南山の甘河鎮《かんがちん》で呂洞賓と出会い、秘訣を授かったと伝えられているように、呂洞賓は全真教の道統上擁立された五人の祖師の一人に組み入れられている。王重陽とその弟子たちには、生まれたばかりの全真教教団の基礎を確立し、その教勢を拡大するために、当時すでに文人、商人、医師、妓女といった多様な階層、職業の人々の間で信仰されていた呂洞賓の人気にあやかろうとする意図があったと考えられる。

清代、道教的秘儀に関心を持つ文人たちの間で扶鸞の術が広まると、龍門派中興の祖と言われる王常月《おうじょうげつ》（?〜一六八〇）が清初に確立した、「伝戒《でんかい》」と呼ばれる師資相承（師匠から弟子へ伝えられていくこと）の儀礼を経て、正式に全真教龍門派に入門する方法とは別に、扶鸞を介して呂洞賓に直接接近することによって、龍門派の伝統に連なろうとする人々が現れた。近世道教の研究者森由《もりゆ》利亜《りあ》氏が取り上げている、浙江省金蓋山《きんがいさん》の龍門派道士、閔一得《びんいっとく》（一七五八〜一八三六）もその一人である。

金蓋山は、宋代以来呂洞賓が多く顕れた聖地として知られ、清代には龍門派道士たちの修道の地となった。さらに注目すべきは、清初以来、金蓋山には乩壇が置かれ、龍門派の道士たちによって扶鸞が行われてきたという事実である。閔一得はこの金蓋山で、『金蓋心灯《きんがいしんとう》』や救世を説く『三尼《さんに》医世説述《いせいせつじゅつ》』を始めとする多くの文献を生み出したが、その多くが扶鸞を介して呂洞賓から直接乩示された教えに基づいて編まれたものであった。閔一得が金蓋山に籠もった時代、王常月の死後すでに百年余りが経過し、王常月が開いた伝戒行事の伝統も形骸化してしまっていた。しかしながら、閔一得は扶鸞という手段に頼ることによって、呂洞賓から直接教えを受け、またその教えを龍門派の伝統に連なるものであると位置づけることによって、龍門派道士としてのアイデンティティを強めていったのである。こうした事例は閔一得だけではない。

「至宝台」創立時の7人のメンバー。右上が何啓忠

カリスマ乩手が開いた全真教「至宝派」

民国期広州の「中華道教至宝台《しほうだい》慈善会」のカリスマ乩手、何啓忠《かけいちゅう》に至っては、扶鸞を介して全真教の新たな教派を擁立するということをやってのけた。もともと至宝台は、何啓忠が広州市の繁華街西関《せいかん》の商店の二階に創設した無名の呂祖乩壇であった。若く野心に燃えていた何啓忠は、至宝台が正統な道教を標榜する道壇であることを示すために、広州市の全真教道観「応元宮《おうげんきゅう》」の道士に弟子入りし、龍門派第二十四代何誠意《かせいい》の道号を名乗るようになった。だが、乩手として卓越した能力を持っていた何啓忠は、龍門派の道号を得ただけでは満足できなかったのか、扶鸞を通して明代の江南出身という架空の龍門派道士の神話を創出し、至宝台をその道士を開祖とする龍門派の新たな分派と位置づけ、「至宝派」と名づけたのであった。扶鸞という手段を用いれば、明代の江南と民国期広州との時間的・空間的隔たりを超越するのはたやすいことだった。至宝台は、現代の香港道教界で大きな勢力を持つ道教教団「青松観《せいしょうかん》」の前身である。今日、青松観が全真教龍門派を宣称しているのは、この何啓忠の振る舞いに端を発するのである。

清代の全真教は、全国の道観に教権を発動しうるような統一的な教団組織を持ちえなかった代わりに、扶鸞という方法によって、各地に幻想の全真教龍門派が生み出されていくことを妨げることもなかった。いや、「幻想」という言い方は間違っているだろう。閔一得にとっても、また何啓忠にとっても、扶鸞を介して構築された世界は、まぎれもなく彼らのリアルな世界の一部だったのだから。

(三) 仏教徒と扶鸞信仰

扶鸞は儒教徒、道教徒のみならず、仏教徒にも均しく広がっていった。明清時代に顕著となった儒仏道三教融合の風潮により、知識人の三教兼修の傾向が高まり、扶鸞の場にも道教の神仙ととも

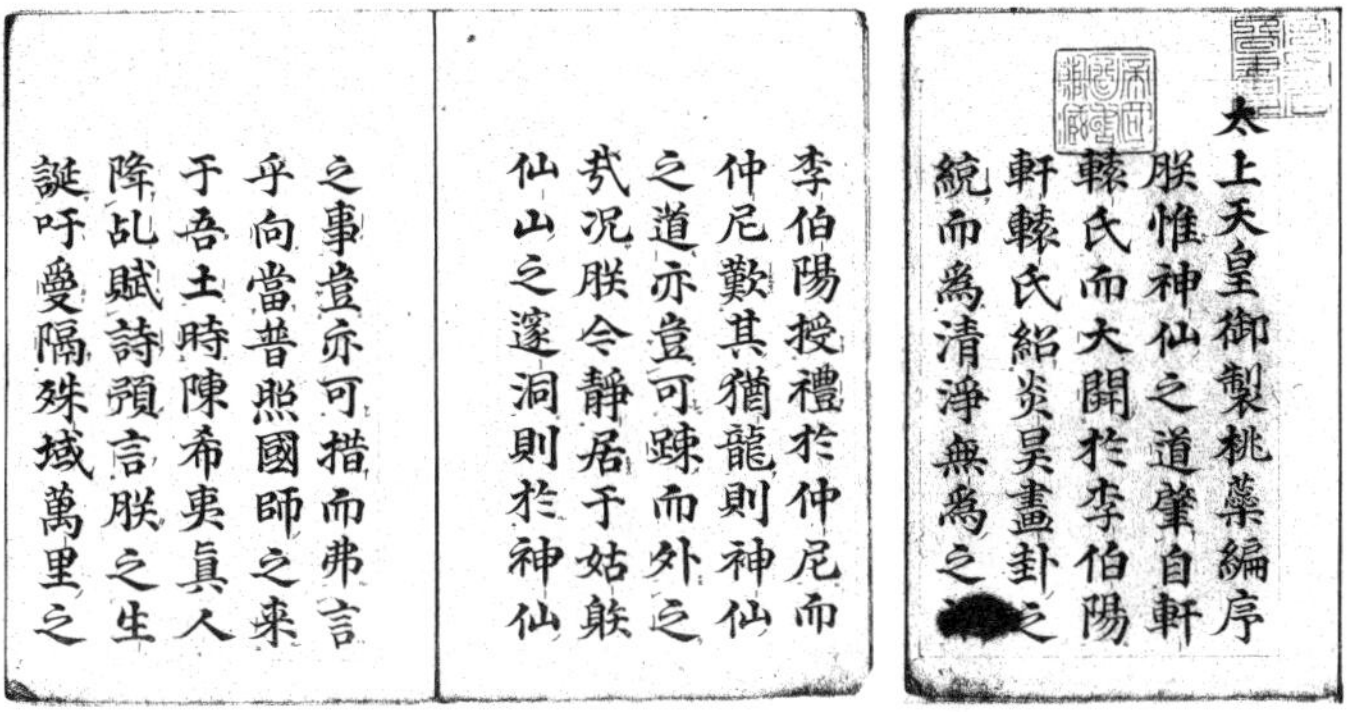
太上天皇御製桃蘂編序
朕惟神仙之道肇自軒
轅氏而大闢於李伯陽
軒轅氏紹炎昊畫卦之
統而為清淨無為之
李伯陽授禮於仲尼而
仲尼歎其猶龍則神仙
之道亦豈可踈而外之
哉況朕令靜居于姑射
仙山之邃洞則於神仙
之事豈亦可措而弗言
乎向當普照國師之来
于吾土時陳希夷眞人
降乩賦詩預言朕之生
誕吁曼隔殊域萬里之

『桃蘂編』序

に釈迦や観音や達磨《ダルマ》などの仏祖が降り、仏教的な用語や思想を多分に含む乱示を残していくことも珍しくなかった。

陳仙、天皇の生誕を預言す

明清時代、仏教徒にも扶鸞が浸透していたことを示すために、『桃蘂編《とうずいへん》』という資料を取り上げてみよう。国会図書館など、日本国内数館の図書館に所蔵されているこの漢文資料には、一般にはあまり知られていないが、江戸時代初期、日本に黄檗禅《おうばくぜん》を伝えたあの隠元禅師《いんげんぜんじ》が、扶鸞と関わっていたことが記されているのである。

宝永二年（一七〇五）、時の太上天皇（霊元《れいげん》天皇）が自ら記した『桃蘂編』の序文には、『桃蘂編』編纂のいきさつが次のように述べられている。「向《さき》に、普照国師《ふしょうこくし》の吾が土に来《きた》る時に当りて、陳希夷《ちんきい》真人乩に降りて詩を賦し、朕《ちん》が生誕を預《あらかじ》め言う。殊域《しゅいき》万里の遐《か》をはるかに隔てて、本国未然の兆《きざし》を洞《どう》に知る、何ぞ其れ奇なるや。」太上天皇は、普照国師すなわち隠元禅師の来日にあたって、陳希夷真人という仙人が扶鸞の場に降臨し、はるか彼方の中国で自らの生誕を預言したことに非常に感銘を受けた。そこで参議の藤原韶《しょうこう》光及び黄檗門下の僧侶たちに陳仙の事績について調べるように命じた。こうして編纂されたのが『桃蘂編』上中下三巻であった。

扶鸞を介して隠元と親しく交わり、日本の天皇の生誕を預言した陳希夷真人とは、五代代末から北宋にかけて活躍したとされる道士陳摶《ちんたん》のことである。生前陝西省の華山《かざん》に隠棲し、「睡功《すいこう》」という秘儀を修練し、「睡仙《すいせん》」の異名をとった。また「太極図《たいきょくず》」や易《えき》の「先天図」の生みの親としても知られている。北宋初期の九八九年、一一八歳で亡くなったとされるが、その後まもなく昇仙し、扶鸞を介して引き続きこの世に顕れ、呂洞賓と並んで人気の高い乩仙の一人となった。

隠元禅師の決断を促した乩示

『桃蘂編』によれば、隠元と陳摶との交流は、隠元が福州黄檗山万福寺《まんぷくじ》の住持となった頃から始まったようである。隠元と陳摶の交流をとりもったのは、黄檗山の近隣の石竹山《せきちくざん》に住む鄭羽士《ていうし》という術士であった。鄭羽士は福州の人で、十八人の仲間とともに南京に赴き、ただ一人請仙《せいせん》の術を習得して帰ってきたという人物である。隠元の高弟高泉性敦《こうせんせいとん》の記述によれば、鄭の扶鸞は桃の木を乩とし、符咒を用いて仙を降ろすという手法であった。石竹山は古くから仙人の棲む地として知られていたが、明末清初、鄭羽士の降筆会に頻繁に顕れたのは、鄭が契りを結んだ陳摶であった。隠元とその弟子たちは、頻繁に鄭のもとを訪ね、鄭の扶鸞を介して陳摶と詩をやりとりし、時には法門のさまざまな問題をめぐる吉凶を占ってもらうこともあった。

一六五二年五月、隠元は長崎の興福寺より来日を求める招聘状を受け取った。その時隠元はすでに六十一歳、危険を犯して日本へ渡ることにやはり躊躇があったのか、鄭の扶鸞を介し、陳摶に指針を仰いだ。『桃蘂編』はその時の様子を次のように記している。「隠老人将《まさ》に東渡せんとするの時、宋朝希夷仙人下降するにたまたま遇《あ》う。老人問うて曰く、老僧近く日本の聘請《まねき》を受く、知らず、彼《か》の方、仏法行わるべきや否や。仙人曰く、可なり。師去らば正に新天子の出世に遇わん。他日法道必ず大いに行われん。」それから二年後、隠元が決意を固め、弟子二十余名とともに長崎に向けて廈門を出発した承応三年（一六五四）五月十日は、奇しくも霊元天皇が生まれた日であった。自らの出生を言い当てた陳仙に対し、浅からぬ因縁を感じた霊元天皇は、陳摶の事績や歴代の乩仙に並々ならぬ関心を示すとともに、自ら禅門に帰依し、黄檗宗の日本での開闢《かいびゃく》を支持した。

中国臨済《りんざい》宗の法統を継ぐ費隠《ひいん》禅師に学び、その後継者と目されたほどの高僧隠元が、日本へ行くべきか否かという決断を下すにあたって、指針を仰いだのが道教仙人の陳摶であったことは、少々意外な感もするが、しかしながら決して驚くにはあたらない。隠元の生まれ育った福建省福清《ふくせい》県は、扶鸞や童乩などの巫俗が盛んな土地柄であり、扶鸞を介して神仙と交流することがおそらく日常的に行われていたに違いない。陳搏は当時、知識人の乩壇において、類まれなる才能を持った詩人兼預言者として、多くの信奉を集める神仙であった。隠元とその弟子たちは、この世の優れた文人とつきあうように、扶鸞を介して陳搏との交流を深め、友人に助言を求めるように、陳搏の指針を仰いだのである。

㈣ 少数民族と扶鸞信仰

雲南省大理の降霊会

扶鸞信仰の分布地域は漢族居住地域が主であるが、四川省や雲南省の少数民族地域の中でも、漢族文化の影響が強い地域では盛んに行われていたようである。たとえば白族《ペー》が多く居住する雲南省大理でも、扶鸞が行われていたと見られる記録がある。一九四〇年代、大理地区で人類学的な調査を行った中国系アメリカ人の人類学者フランシス・シュー（許烺光）は、その著書『祖先の影の下で』の中で、彼のフィールドであった「西 街《ウエストタウン》」で定期的に催される「降霊会」の様子を記している。その廟は、「聖諭堂《せいゆどう》」といい、降霊会は、二年忌、三年忌を迎えた死者を供養することを目的として、旧暦七月十八日の西王母の神誕後数日間にわたって開かれる。聖諭堂は、関帝の乩示により、文昌帝君、観音、地母神が祀られた廟内部に設立された扶鸞組織で、シューが調査した一九四三年には二千人以上の会員を擁し、その半数以上が女性であった。

聖諭堂の降霊会では、扶鸞と思しき儀礼が行われていた。まず向かい合って座った二人の信徒が沙盤の上に置いた柳筆を支え、神霊が降り、柳筆が自動的に動き始めるのを待つ。柳筆が一文字を書き記すごとに、そばに控えている一人の信徒がそれを読み上げ、もう一人が記録する。

降霊会への参加者は二十元の登録料を払い、死者の名前や生年、没年の年月日などの情報を提供する。降霊会では、祭司職の信徒が祈禱を行い、その後、登録者一人一人に扶鸞で降された死者のメッセージを伝えていく。メッセージはすべて七語調の韻文で構成されていた。参加している大部分の女性は読み書きができなかったため、メッセージは文字の読める信徒によって、口頭で伝えられた。

このほか、聖諭堂の降霊会では登録者一人一人に対してだけでなく、「西街」の住民すべてに対する神託が降されることもあった。シューの記述からは、扶鸞が白族庶民の宗教生活の中にごくあたりまえに取り入れられていたことがうかがえる。

白族の宗教文化と扶鸞

白族の宗教文化は、雲南少数民族の中でも、とくに漢族の道教信仰の影響を強く受けていると言われる。白族の土着信仰である「本主公《ほんじゅこう》」信仰の中にさえ、関帝、二郎神、文昌、杜光庭《とこうてい》といったおなじみの道教神仙や道士が守護神として取り込まれているほどである。また雲南、四川の少数民族地域は、明清時代を通して白蓮教や羅教《らきょう》系の民間教派の勢力範囲にあった。とくに民国期には扶鸞を重視する同善社や一貫道が進出し、一大勢力を形成していたと言われる。こうした点から考え合わせると、白族の間に扶鸞信仰が浸透していたとしても何ら不思議はないと言えよう。

シューが記している聖諭堂とは、あるいは、清代初期から雲南各地に設立されるようになった儒仏道三教合一の民間宗教結社「聖諭壇」の流れを汲むものかもしれない。「聖諭壇」は各地で名称は異なるが、いずれも「代天伝旨《だいてんでんし》」(天に代わって旨を伝える)としての民衆教化を使命とし、「聖論広訓《こうくん》」の宣講や三教の経典を誦《とな》える法会を主な活動としていた。その主たる担い手は、文武官員や紳士名流などの地域エリート層であった。聖諭壇で扶鸞が行われていたという証拠はないが、その活動内容から扶鸞が行われていたことは十分考えられるところである。

3　扶鸞信仰と基層社会

さて、これまでは主に、社会の上層部の人々によって実践された扶鸞について見てきたが、ここでは、都市に住む貧しい庶民や農民たちといった、社会の基層部分に生きる人々が、どのように扶鸞と関わってきたのかを見ていこう。金も暇もある文人と異なり、日々糊口をしのぐのに四苦八苦していた庶民にとって、多くの場合、扶鸞は神々に世俗的な悩み事について尋ねたり、病気の処方を得るための手段の一つであった。

一般庶民が扶鸞を介して神々からお告げを得たいと思ったら、まずは呂祖や関帝など扶鸞と関わりの深い神仙を祀った廟や道観、または善堂を訪ねるのが一般的である。そこには扶鸞の術を操る専門の道士や霊媒がいて、扶鸞の公開儀礼を定期的に行っており、一般信者の個人的な問事にも答えてくれるのが常であった。

グレイ牧師の見た扶鸞

ここでは清末の広州に長期滞在した西洋人の記録から、広州の廟で行われていた扶鸞の公開儀礼の様子を覗いてみることにしよう。イギリス領事館付牧師として広東に長く滞在したジョン・ヘンリー・グレイは、清末広州の街路や寺廟について、また珍しい風俗習慣について、多くの詳細な記録を残した。その中には珠江《しゅこう》を隔てて対岸の河南地区にあった呂純陽廟《りょじゅんよう》（呂祖廟）での見聞も含まれている。

ある日、グレイ牧師は呂純陽廟のそばを通りかかった際、たまたま親しくしていた中国人の商人が廟の門を入るのを見かけた。商人が廟を訪ねたのは、近々広西に出かけるので、道中、災難に遭わないかどうか、尋ねるためだった。グレイ牧師は商人の後について廟の中に入っていった。すると、

我々は二人の道士に非常に丁重に迎えられた。この聖職者たちから聞いたところによると、この廟には未来の出来事について知りたい人々が、朝早くから大勢押しかけるという。託宣を求める人はいずれも、最初に香を焚き、呂純陽の像に拝礼し、道士の一人に神託を伺いたいと申し出る。信者の申し出に対して、道士はまず注意を与える。それから、信者を伴い、表面が砂で覆われたテーブルのところへ向かう。道士は、このテーブルの傍らに立ち、二本の指先で長い木でで

きたペン、あるいは「鉛筆」を支える。するとたちまち自然に、すべらかに、砂の上に様々な神秘的な文字が描きだされる。問題の呪的な文字は、道士たち以外には意味不明である。そのため、砂のテーブルのそばに座っていたもう一人の道士が、信者のために翻訳してやる。

長い木でできたペン、あるいは「鉛筆」とは、グレイ牧師の別の著作では、「桃の木でできており、水平に持つとちょうどT字型をしていて、先が鉤《かぎ》のようになっている」と描写されている。乩手は右手と左手の人差し指でペンの柄を支えながら、ペン先の曲がったところを砂を敷き詰めたテーブルの上に置く。清末の広州で行われていた扶鸞は、現代の香港で行われている扶鸞の方法と、ほぼ同様の形態であったことがわかる。

グレイ牧師によれば、当時広州では任《じん》という名前の乩手が非常に評判を呼んでいたらしい。任が得意としていたのは、阿片の戒毒で、その処方とは、扶鸞を介して描いた符を燃やし、灰を水に溶かして飲ませるというものだった。その処方は非常に効果があったため、多くの阿片中毒者が、大枚をはたいてでも彼の処方を受けるために集まったという。

グレイ夫人の手紙

さて清末の広州には、もう一か所扶鸞で有名な廟があった。広州西郊の黄沙郷《こうさごう》にあった「修元《しゅうげん》精舎《しょうじゃ》」がそれである。修元精舎の前身は、一八五二年、文人や商人の寄付によって建てられた呂祖祠であったが、後に羅浮山沖虚観《らふざんちゅうきょかん》出身の道士に管理をまかせ、修元精舎と称するようになった。清末の広州では、修元精舎の扶鸞は病気治しに霊験あらたかとして広く知られていたようである。同治《どうち》年間（一八六二〜一八七四）には、評判を聞きつけた時の両広総督瑞麟《ずいりん》が、息子の病気を治すために訪れたという。グレイ牧師の妻、イザベラ・グレイは、夫に負けず劣らぬ旺盛な好奇心を持った女性であったが、彼女は一八七二年、この修元精舎の扶鸞を見聞し、その様子を母親に手紙で書き送った。

ここ（修元精舎）は、霊的な筆記を行う霊媒を通して、呂純陽とコミュニケーションを取るために多くの信者が集まってくる所です。……（廟内では）一人の信者がうずうずした様子で道士が現れるのを待っていました。……（しばらくして）私たちが（客室で）お茶を飲んでいると、一人の道士が現れました。私たちは祭殿の中に入り、道士と祈願者がともに祭壇の前で跪くのを見ました。……私たちの注意は一人の道士に集中しました。彼の前には砂を撒いた大きな木の板が置かれていました。さらにもう一人の道士が、ペンと紙を持って彼の脇に立ち、祭壇の神から伝達されるメッセージを書き取っていきます。三人目の道士がこれに加わりました。彼の役割は、書かれたメッセージを翻訳することだとわかりました。……最も重要な儀礼執行者は、ある道具を持っています。それは一フィートくらいの長さの一本の棒で、両手の人差し指でそれを支えます。それは長い柄のついたペンで、白い木でできています。中心から下の方に小さな木片が出っ張っていて、これで砂の上に字を書くのです。全くのところ、私は二、三年前にイギリスで流行《はや》っていたプランシェットを思い出しました。木の道具は、数分で動き始めます。それを持っている道士の助けなしに、板の上を上下に動き、大きな文字を描いていきます。板に書き終わると、メッセージの一部が別の道士によって紙の上に書き写されます。それから再び筆記を行うために砂をもう一度きれいにならし、これを三回繰り返します。祈願者は熱心にその様子を見つめています。四回目、軽くバランスをとって、木の道具は動かなくなり、道士が神は退かれたと言いました。別の道士が書かれたものを解釈すると、それは外国人に向けられたメッセージで、貧しい信者に向けられたものではないことがわかりました。

プランシェット（『世界オカルト事典』より）

おそらくこの日、乩手を務めた道士は外国人が訪れたことに舞い上がってしまい、一般信者の願い事などはすっかり忘れてしまったのだろう。結局、この信者は、道士たちに日を改めて出直して来いと言われ、しかたなく帰っていった。

修元精舎の扶鸞もまた、現代香港のそれとほぼ同じやりかたである。グレイ夫人は扶鸞を見て、同時代のヨーロッパで大流行したプランシェットのことを思い出している。十九世紀末、東洋と西洋では奇しくもほぼ同時期に降筆会の大流行という現象が起きているのだが、これについては第四章で触れたい。

このほか、同時期の広州とその近辺には、扶鸞を介して得た神仙の薬方に基づいた「薬籤《やくせん》」で有名な道観もあった。広州から少し離れた南海県の西樵山麓の「雲泉仙館《うんせんせんかん》」は、呂祖を祖師として祀る扶鸞結社であったが、ここで作成された「呂祖霊籤《れいせん》」は男科、女科、幼科、眼科に分類されており、どんな病にもよく効くと評判が高かった。医療施設も知識も乏しかった伝統社会において、扶鸞による医療は庶民の強い味方だったのである。

もっとも素朴な扶鸞「降八仙」

文人たちの私的、遊戯的な扶鸞を、扶鸞の最も洗練された形態とするならば、その対極には、中秋節の夜に若い娘たちや若者たちが行う、最も素朴な扶鸞を置くことができるだろう。かつて広東省や福建省など南方地域では、中秋節の夜、若い娘たちと若者たちがそれぞれ別々にグループを作り、神仙を招いて占いをする風習があった。娘たちのグループは、箸や箕、籠などの道具を使って紫姑やそれとよく似たいわれを持つ仙姑を招く。一方、若者たちの間では武神や文神を降ろし、霊媒役の子供の身体にのりうつらせるという遊戯が行われた。「降八仙《こうはっせん》」または「請師父《せいしふ》」とも呼ばれるこの遊戯は、地域によってバリエーションはあるが、広東全域で広く行われていた。

「降八仙」のやり方はおおよそ次のとおりである。月夜の晩、集まった若者たちは車座になって座り、一人の年少の男の子を選んで真ん中に座らせる。まわりで線香を焚き、符を燃やし呪文を唱える。

呪文を唱えていくうちに、男の子は神がかり状態になる。するとまわりの少年の一人が、男の子に向かって「あなたは文神か武神か」と尋ねる。男の子が呂洞賓文神だと答えると、紙とペンとインク、あるいは乩筆と沙盤を用意し、何かを書かせる。武神だと答えた場合は、剣や槍、鍬《くわ》などを用意する。すると男の子は神がかり状態のまま、その一つを取って振り回す。次にまわりの若者が男の子に「弟子になってもよいでしょうか」と尋ね、「よろしい」と彼が答えると、十二、三歳の少年を選んで弟子とする。神がかり状態になった少年は、最後に顔に水をふきかけられて目をさます。

「降八仙」の興味深い点は、呂洞賓などの文神が降りた場合には、乩筆と沙盤を使って扶鸞を行い、さらに扶鸞を介して神仙に弟子入りすることもできたという点である。大人の文人が、自宅や廟や善堂で厳かに扶鸞を行っていた一方で、農村の無学の若者たちもまた、彼らなりのやり方で扶鸞を行っていた。おそらく「降八仙」の扶鸞は、文人たちの扶鸞と比べると、洗練さや厳粛さとはほど遠く、乩示の筆跡という点でも、また文体という点においても幼稚なものであっただろう。だが、若者たちが行っていたことは、文人たちのやっていることと原理的には変わりはなかった。違っていたのは、中秋節の晩という特別な日に行われる一過性の遊戯であったことくらいである。なお、農村の若者たちの遊戯的な扶鸞に端を発しながらも、一過性の遊戯に留まることなく扶鸞を継続し、ついには乩壇を設立するようになった例もある。

信善堂の若者たちと扶鸞

民国二十四年（一九三五）の秋、珠江に臨む広州市芳村《ほうそん》に点在する杉材木店の一つ、「栄安杉行《えいあんさんこう》」で働く李楽民《りらくみん》と黄春華《こうしゅんか》のもとには、彼らの親戚や友人、義兄弟がしばしば麻雀《マージャン》をしに集まった。李楽民は当時三十代前半で材木店の番頭、黄春華は十七、八の、南海県の田舎から出てきたばかりの新米店員だった。彼らの仲間も同じ年頃の、同じような境遇の若者たちだった。ある日麻雀に飽きた一同は、神仙を呼び出す符や呪法を解説した『萬法帰宗《ばんぽうきそう》』という本を入手し、扶鸞で神仙を降臨させることを思い立った。道具は、川岸に生えている柳の枝を折って乩筆とし、麻雀卓の表面に線香の灰をまいて沙盤とした。乩手はまだ幼顔のぬけない黄春華が担当した。

第二章で紹介した信善紫闕玄観の祖壇、「信善堂《しんぜんどう》」創立のエピソードである。信善堂の扶鸞に降りた乩示、符、薬方の一部は、『為善最楽《いぜんさいらく》』と名づけられた冊子に書き写され、現在まで保管されている。

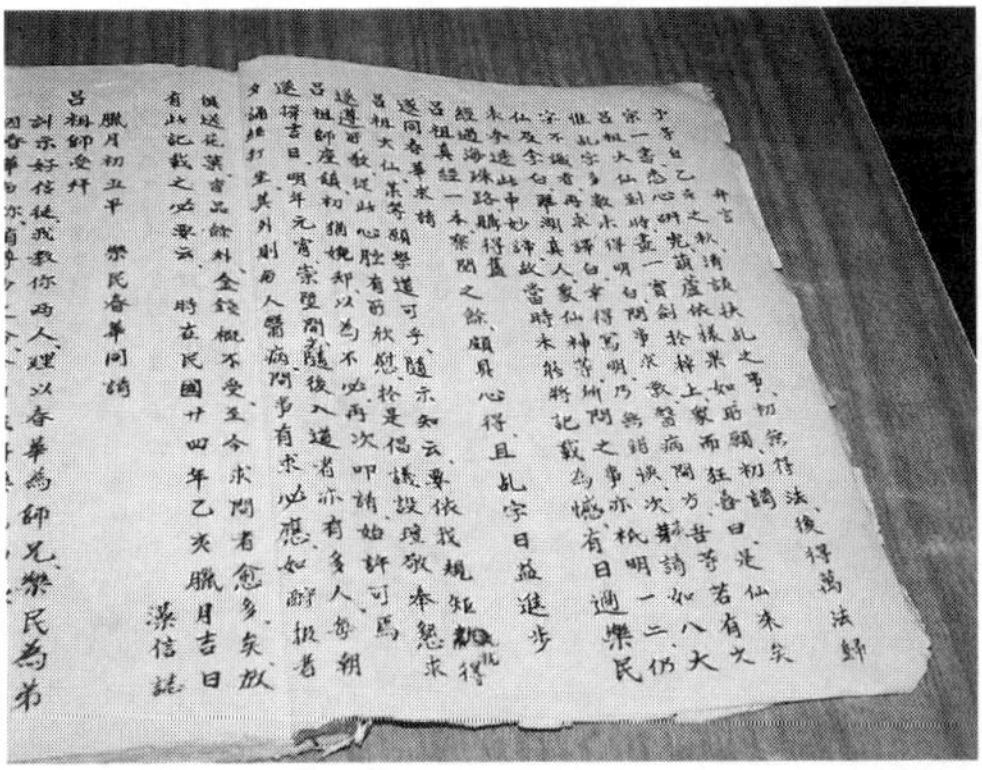
『為善最楽』

彼らの扶鸞には、中秋節の「降八仙」を彷彿とさせるところがある。少年期を脱したばかりの黄春華が乩手を担当したのも、彼らの行為が中秋節の遊戯の延長線上にあったことを示すものではないだろうか。だが、彼らは一回限りの遊戯に留まることなく、何度も繰り返し扶鸞を試みた。扶鸞を始めて五日め、とうとう仙人が降りた。李楽民は『為善最楽』の中で、その時の様子を次のように記している。

我々は乙亥《おつがい》（民国二十四年）の秋より、扶乩について清談していた。初めは符法もなかったが、後に『萬法帰宗』という書を手に入れ、鋭意研究に努め、そのまま模

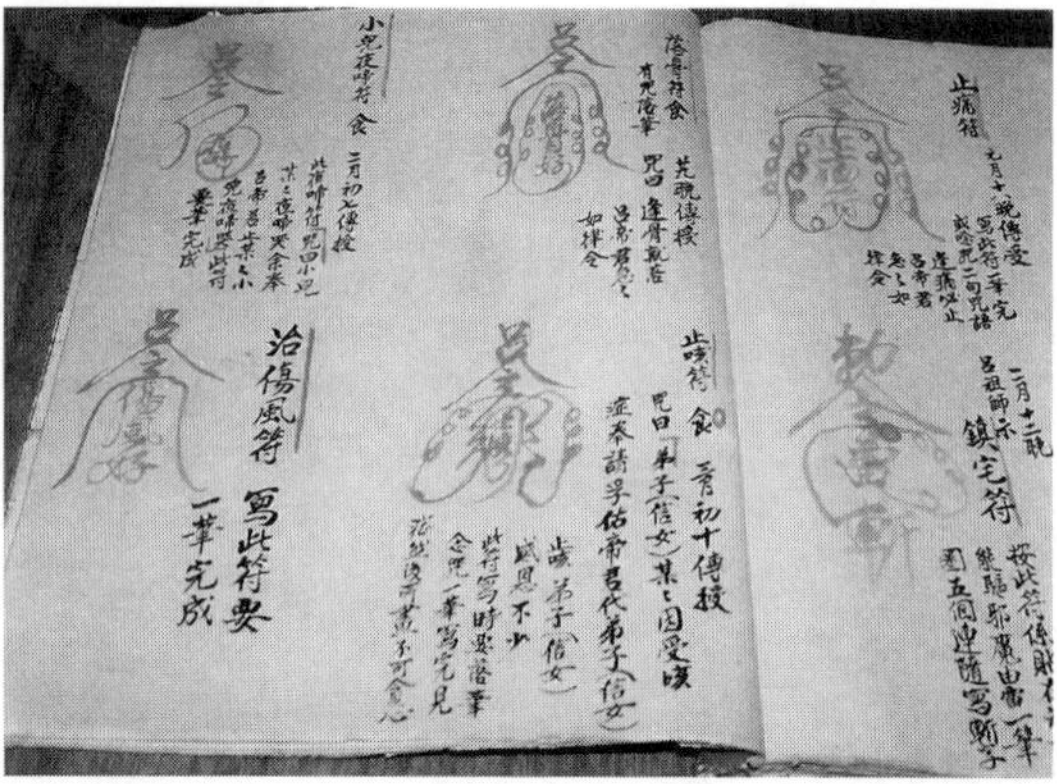

『為善最楽』に見える各種の符

倣してみた。願いどおり、初めて呂祖大仙のお出ましを請うた時、一本の宝剣が卓上に画かれた。一同は狂喜して言った。仙人がおでましになった、と。

降壇した仙人が呂祖だとわかったのは、宝剣の絵が描かれたためだった。呂祖の図像は必ず剣を背負っている。村祭りのとき、おめでたい芝居として演じられる「八仙《はっせん》過海《かかい》」に登場する呂祖も剣を背負っている。李楽民は正式な学校教育を受けたことはなく、商売を通じて読み書きを覚えた。乩手を担当した黄春華はといえば、村の私塾でかろうじて読み書きを習った程度だった。呂祖との最初の出会いが宝剣の絵だったことは、彼らと文字文化との距離を示している。

彼らはその後も扶鸞を続け、そのたびに呂祖が降壇するようになった。だが最初の頃は、乩示で書かれる文字がわからないことがしばしばあった。ある日、たまたま楽民は広州の街で古い『呂祖《りょそ》真経《しんぎょう》』一冊を購入した。それをみんなでまわし読みするうちに、乩示は少しずつ文章の形を取り始めた。

李楽民、黄春華とその仲間たちは定期的に扶鸞を続け、その年の十二月、ついに二人は、呂祖に対して弟子になって道を学びたいと願い出た。『為善最楽』では、この時の状況を次のように記している。

李楽民（右）**と黄春華**（左）

　ついに春華とともに呂祖大仙に「これこれこういう者が道を学びたいと願っております。よろしいでしょうか」と請い求めたところ、「我が規則に従えばよろしい」と指示があった。（我々は）教えられたところに従い、これより心に喜びと安らぎが生まれた。そこで設壇を申し出、呂祖師に鎮座いただくことをつつしんで懇求したところ、（祖師は）初めは必要ないとしぶっていたものの、再度願い出て、ようやく許可を得た。

こうして李楽民と黄春華の二人は呂祖の弟子となり、

翌年の春、友人や親戚、義兄弟を加え、材木店の二階に「純陽教呂道会信善堂《じゅんようきょうりょどうかい》」を発足した。李楽民は「藻信《そうしん》」、黄春華は「藻善《そうぜん》」という道号を名乗った。信善堂の「信善」は、二人の道号の下の二文字を合わせたものである。材木店の二階にしつらえられた祭壇には「呂祖真像」が飾られた。この信善堂は、日中戦争期にいったん活動停止を余儀なくされるが、戦後は活動を再開し、信徒を増やしていった。一九四九年以降は澳門に本拠を移し、呂祖道壇として扶鸞による問事や施薬、功徳法事サービスなど、さまざまな事業を展開していく。私が調査した香港の信善紫闕玄観は、この澳門分壇からの分派である。

扶鸞信仰の生命力を支えるもの

扶鸞は、原初的には女性や子供たちの年中行事の遊戯的な占いに起源を発し、宋代以降、男性知識人が担い手の中心になるという歴史をたどってきた。扶鸞信仰とはすなわち、紫姑神信仰の系統に連なる基層の民俗文化と、文字を神聖視する中国高位文化の融合の所産と言うことができよう。

忘れてはならないことは、扶鸞は中国高位文化に取り入れられたが、扶鸞の起源となった古代の紫姑神信仰もまた、途絶えることなく、女性や子供たちの間で連綿と受け継がれてきたという点である。中秋節が巡り来るたび、娘たちは箕や籠で紫姑を招き、若者たちは身体に八仙を降ろし、手にした筆で神の言葉を記した。その営みは千年以上にもわたって、あたかも地下水が流れるように脈々と、地方文化の基層を流れ続けてきたのである。

こうした基層の扶鸞信仰と、高位文化の一部となった扶鸞信仰は、分断されてまったく没交渉であったわけではなく、常に互いに影響を及ぼしあっていた。都市で暮らす文人たちも農村の中秋節の風俗を見聞きすることがあっただろうし、子供の頃、家の女たちとともに紫姑を招いたこともあっただろう。一方、農村の無学の若者が、扶鸞の薬方がよく効くと評判の善堂を訪ね、紳士たちの洗練された扶鸞の様子を見、自分たちも見よう見まねでやってみることもあったかもしれない。信善堂の若者たちが扶鸞を始めたきっかけは、中秋節の「降八仙」と大差ない遊戯感覚ではあったが、善書から得た知識や、他の扶鸞結社での見聞から得たさまざまな情報を取り入れ、ついには乩壇を設立するまでになった。

このように、文人たちの洗練された扶鸞信仰の根底には、常に民衆の素朴な扶鸞信仰が存在した。中国の扶鸞信仰が雑草のように力強い生命力を維持してきたのは、これまで見てきたように、常に基層の民衆文化によって、根底から支えられてきたことによるものではないだろうか。

第四章

扶鸞と近代中国

明清時代を通してあらゆる階層に広く普及した扶鸞信仰は、十九世紀後半から二十世紀前半にかけて、かつてないほどの熱狂的なブームを迎える。この時期中国各地で、全国に支部を持つ大規模な教団組織をそなえるものから、薬屋の片隅にしつらえられた小さな乩壇に至るまで、多種多様な扶鸞結社が出現した。扶鸞結社の設立は、個人的な趣味や探究心によるものから一転して、一種の社会変革運動としての性格を強く帯びるものとなった。本章ではまず、こうした清末の扶鸞結社運動の歴史的背景と、この運動を担った人々の心性について考えてみたい。

扶鸞結社運動の流れは二十世紀に入ってからも続き、やがてかなりの組織力と政治力を持った新興の宗教教団を次々と生み出した。さらに、西学東漸の潮流とともに、十九世紀以来欧米社会を席巻した近代心霊主義《スピリチュアリズム》の思想が輸入され、扶鸞の原理や鬼《き》（死者の霊魂）の実在を、心霊主義的な立場から再考しようとする知識人のグループも現れた。こうした動きに対して、五四運動の思想的リーダーとしての役割を担った若き知識人たちは、近代合理主義と科学主義を武器として、これを真っ向から否定する言論キャンペーンを展開した。近代以降、旧来の社会秩序や価値観が激変する中で、扶鸞信仰もまたその渦の中にいやおうなくまきこまれていく。

1　清末の扶鸞結社運動

救劫の善書

扶鸞結社運動が急激な勢いで拡大した十九世紀後半とは、太平天国の戦乱や頻発する大災害や疫病が、清朝体制の政治的経済的基盤を大きく揺るがした時代であった。また、アヘン戦争以降急激な勢いで流入し始めた西欧近代文明は、多くの人々に伝統的な社会秩序や価値観の終焉を予感させることとなった。こうした不安な世相を反映し、この時期刊行された多くの善書には、頻発する災害や疫病、戦乱を「劫《ごう》」と見なし、世界の終末を意味する「末劫《まつごう》」が迫りつつあるという強い危機感が表明されるようになる。この「劫」を回避する手段として善書が再三訴えたのが「行善《こうぜん》」（善を行うこと）であった。ここでは、「善」によって「劫」からの救済を説く善書を「救劫《きゅうごう》の善書」と呼び、その特徴的なモチーフや論理を見ていくことにしたい。

まずは、私の手元にある善書の中から、清末広東の扶鸞結社で作成された鸞書『善与人同録《ぜんよじんどうろく》』をひもといてみよう。この鸞書は、前章でも少し触れた広東省南海県の西樵雲泉仙館で、光緒五年(一八七九)以降の扶鸞儀礼に降臨した諸仏神仙の乩示を編集したものである。『善与人同録』は、呂祖の乩示として、劫災《ごうさい》の起こる因果関係を以下のように説いている。

天心の震怒がここに凶災を降ろしたことを知る。下の民は自ら反省することを知らず、みだりに天を怨む。どうして天がその過ちをそのままにしておくだろうか。劫災に遭遇するのは、自ら招いたことなのである。上は刑罰を受けず、税金を取りたて家を肥やす。下は争いを好み、豪奢をむさぼる。三宝を敬わず、父母には孝行せず、うそをつき、邪を犯し、良心にそむき、理を知らない。日々、暴虐無慈悲の気を蓄積すれば、天の和に触れ、昨年は水災、今年はひでりの劫を降らしめるところとなった。(同書三一〇頁)

悪業は暴虐無慈悲の気を発し、それが蓄積すると天の逆鱗に触れる。『善与人同録』の別の箇所の記述によれば、悪業の発する気によって、やがては「黒気が日をさえぎり、ついに気は天にわき上がる」(一五〇頁)事態となる。その結果、激怒した天は、罰としてさまざまな劫災を降らしめることになるのである。

同様の観念は、中国史研究者の山田賢氏がとりあげた「文昌帝君救劫宝誥《ほうこう》註釈」（嘉慶六年〔一八〇一〕の北京水災後に降された乩示の注釈。道光序『陰隲金鑑《いんしつきんかん》』に収録）にも見られる。「悪行を行う者が多ければ多いほど、当然生臭くまっ黒な吐息（「腥黒気《せいこくき》」）もこれに比例して多量に排出される。天に上昇したこの黒く生臭い『腥黒気』は、やがてあたかも一団の雲のように凝結し始める。天はかかる醜悪な『腥黒気』の薫蒸に耐えられず、やむを得ず一切の汚染を掃討し尽くす一大変を降さざるを得ない。」（山田賢「世界の破滅とその救済―清末の〈救劫の善書〉について」）

『善与人同録』では、劫は天の怒りの顕れ、「文昌帝君救劫宝誥註釈」では「汚濁を洗い流すための浄化」という違いはあるものの、悪行（業）によって黒気、または腥黒気が発生するとする考え方、そしてその気が立ち昇り、凝結し、さらには天へと感応することによって劫災が発生するという論理においては一致している。こうした天人相感と因果応報の観念が交じり合い、しかもどこかパニック映画のワン・シーンを思わせるような視覚的な劫災観は、清末の救劫の善書にしばしば登場するモチーフの一つであった。

『善与人同録』扉

「庚子之劫」と「飛鸞闡教」

天の神の怒りはとどまるところを知らず、末劫は必至であるかに思われたが、ここに救世主が登場した。私の手元にあるもう一冊の鸞書『文帝救劫葆生《ほうせい》経・武帝救劫永命経合編』の内容を見てみよう。この鸞書は、光緒十七（一八九一）年、広東高州府信宜城《しんぎじょう》の二帝宮において、文昌帝君と関聖帝君の降筆によって作成されたふたつの救劫経を合わせたものである。その中に次のような一節がある。玉皇大帝の激しい怒りが招いた劫によって、人々が苦しみ迷う有様を見た文帝（文昌帝君）は、関（関聖帝君）、呂（呂祖）の二帝とともに、玉皇大帝の面前に七日間にわたって跪き、玉皇に向かって、怒りを鎮め、救済の道を広く与えてほしいと懇願するのである。

台湾の歴史研究者範《はんじゅんぶ》純武氏は、道光（一八二一～一八五〇）から光緒（一八七五～一九〇八）年間にかけて、北京、四川、雲南ほか各地で作成された鸞書数十冊の内容を分析した結果、そこにはいわゆる「三相代天宣化《さんしょうだいてんせんか》」というモチーフが広く認められることを指摘している。「三相代天宣化」とは、人心の極度の荒廃に激怒した玉皇大帝に対して、関聖帝君、呂祖、文昌帝君の三相（三人の重臣）がとりなし、扶鸞という手段を用いることにより、天に代わって徳を広め、人々に行善を勧めることで劫難を回避したという説話である。

「三相代天宣化」の説話は、「庚子之劫《こうしのごう》」（庚子年を末劫が到来する年と見なす終末観）が強く意識された道光庚子年（一八四〇）以来、広く流行したという。もっとも、清末から民国期にかけて出回っていた救劫の善書に広く眼を通してみると、玉皇に懇願するのは必ずしも三相とは限らず、関帝一人の場合も多い。台湾の民間宗教研究者王見川《おうけんせん》氏は、清末の扶鸞結社運動は、庚子年を関帝による「飛鸞闡教《ひらんせんきょう》」（扶鸞によって教えを闡《ひら》く）の年と見なす信仰と結びついていたと指摘する。十九世紀に入って最初に巡ってきた道光庚子年（一八四〇）の夏、四川定遠県の龍女寺は異様な熱気に包まれていた。人々は何か月もかけて扶鸞を行い、『関聖帝君明聖経註解』など十数種類の鸞書を作成した。この龍女寺で生み出されたおびただしい数の鸞書は、その後中国全土に流布して大きな影響を与えるとともに、四川や雲南など西南地区における鸞堂興隆のきっかけをもたらした。

いずれにせよ、関帝をはじめとする神仙の恩情によって末劫を免れた人類は、神仙の教化によって罪を悔い改め、行善の道を邁進することとなった。その目指す理想世界とは、当時の善書製作者たちの教養を強く反映し、尚古的な世界観に満ちていた。『善与人同録』は次のようにいう。

上古の時代は、（人々は）穴居し、けものをくらい血を飲む（ような野蛮な生活であった）が、民俗は淳朴《じゅんぼく》で宇宙もまた安らかであり、すべての人民が上寿を享受した。今日にあって太古の淳風を学ぼうとしてもどうして得られようか。（三一二頁）

師は世界が古風を回復することを朝夕願う。……広く益友を集め、朝夕切磋琢磨し、聖賢の心

を会得《えとく》し、聖賢の言を語り、聖賢の行いを実践せよ。（二九八頁）

善書製作者たちは人道が荒廃した今の世を嘆き、心が朴訥《ぼくとつ》にして誠実であった「太古の淳風」に回帰することを求め、古来より伝えられてきた聖賢の教えを復興することを再三提唱した。そのための実践的な儒教道徳の綱領として掲げられたのが、「孝悌忠信礼儀廉恥」、すなわち「八徳」であった。

扶鸞結社運動の高まり

さて、清末の扶鸞結社運動の原動力として、最も直接的な効果があったのは、次のような乩示であろう。『善与人同録』は次のようにいう。

各所に広く善堂を設置せよ。大きくとも小さくともかまわない。たとえば省城（広州）の愛育（善堂）、香港の東華（医院）は、とくに際立ったものであるが、これにより、災害があっても力いっぱい補い、救うことができる。（二一八頁）

清末の救劫の善書は、劫を回避する効果的な手段として、個人が善を積み重ねていくだけでなく、組織的に善を実践し、人を善に導く場としての「善堂」の設立を提唱した。人々は愛育善堂、東華医院といった同時代の著名善堂の成功例に大きく刺激を受けつつ、さらに神々の乩示に促されることによって、「善堂」や「鸞堂」の設立に一層情熱を傾けていったのである。

では、こうした扶鸞結社運動の波は、いったいいつ頃から始まり、どれほどの範囲の地域に及んでいたのだろうか。いくつかの地域の断片的な資料をつなぎあわせて推測するほかはないが、四川では、先述したように、龍女寺で扶鸞宣講が行われた道光庚子年以来、同様の運動が各地に飛び火した。たとえば、咸豊《かんぽう》十年（一八六〇）に『救生船』という鸞書を作成した四川の「群英壇《ぐんえいだん》」という鸞堂は、龍女寺の扶鸞儀礼に参加した郷紳によって設立された。龍女寺の扶鸞に端を発した鸞堂の設立ブームは、やがて四川から雲南へと広がった。

さらに同じ四川では、同治五年（一八六六）、達県五霊山《ごれいざん》に降りた関帝の乩示をきっかけとして、「十全会」という福祉組織が創設された。地域の有力者を中心とする十全会の設立運動は、まもなく四川全域に広がった。

台湾では、次章で述べるように、咸豊三年（一八五三）澎湖島《ほうことう》に台湾で最初の鸞堂と言われる「普勧社《ふかんしゃ》」（後の「一新社」）が設立されたのを皮切りとして、またたくまに台湾各地に広がった。一方、広東地域では、上述した善書『善与人同録』を作成した雲泉仙館が一八四八年に創立された頃から扶鸞結社の設立が相次ぎ、その波はやがてイギリスの植民地となったばかりの香港へと及んだ。だが、創立当初の雲泉仙館をはじめとして、同時期に設立された「仙館」と称する扶鸞結社は、どちらかと言えば、文人道教徒の道学サロン兼高級隠遁施設としての性格が強かった。広東・香港地域において、他者救済を前面に押し出した扶鸞結社運動が本格化するのは、もう少し後のことになる。

ペスト流行

広東・香港地域で扶鸞結社運動が本格化するきっかけとなったのは、世紀末にこの地域を襲ったペストの大流行だった。飯島渉氏によれば、十九世紀後半から広東のかなりの地域でペストが発生していたが、広州から香港へ拡大し、多くの死者を出したのは、一八九四年春の大流行時であった。広州ではこの時期、毎日二百人から五百人の死者が出るほど猖獗《しょうけつ》を極め、三月から六月にかけて約四万人の死者が発生したという。五月になると、香港でもペスト流行の兆しが見え始め、六月中旬には毎日六十人から七十人のペスト患者が発生するという最悪の事態となった。

当時、ペストの感染に鼠が関わっていることは知られていたものの、ペスト菌という細菌によって引き起こされる伝染病であることが明らかにされたのは、香港での流行を受けて、多くの細菌学者や医師たちによる調査・研究を経た後のことであった。当然ながら、ペストに効く抗生物質などまだ開発する段階にも至っておらず、検疫体制も不十分なものであった。人々は為すすべもなく、ただひたすら扶鸞を介して神仙に加護を求め、神仙が開示した薬の処方に一縷《いちる》の望みを託した。C・ベネディクトは、清末のペスト流行の疫学的背景やペスト禍をめぐる社会状況を分析した『十九世紀中国における腺ペスト』という著書の中で、各地で行われた瘟神《おんしん》を駆逐する醮《しょう》の儀礼など、中国社会がペスト流行に対して示したさまざまな反応を取り上げているが、香港や広東における扶鸞の盛行や善堂の設立ブームもその一つであった。

香港に流布した関帝の乩示

一八九四年春、ペストが猖獗を極めていた香港で、どこからともなく関帝の乩示と称するビラが出回った。いったいそこにはどのようなメッセージが書かれていたのだろうか。我々は幸いなことに、デ・ホロートの著書（『中国の宗教制度』）や香港政庁のレポートによって、その内容をかなり詳しく知ることができる。

ビラには、関聖帝君が香港のとある善堂に五回にわたって降壇し伝えたという符や詩、薬の処方が書かれていた。一回めの乩示では、一筆書きで描かれた意味不明の子供のいたずら書きのような絵が描かれた。二回め、三回めの乩示には、一筆書きのような図に説明の文字が添えられていた。四回めに乩示されたのは「吾乃大漢関某、論爾求薬人等」（我輩は大漢帝国の関というものである。なんじら薬を求める者にさとし聞かせよう）という言葉から始まる四十二句にわたる韻文であった。この中で関帝は次のように説く。「災厄から逃れようと、あわててお経を読んでみても、また神々に犠牲を捧げ、やたらに紙銭や線香を燃やしたりしても、所詮は無駄である。病を免れ、長生きしたいのなら、すぐさま我輩（関帝）の前で罪を悔い改め、天に向かって善挙を施すと誓いを立てよ。そしておまえたちの悔い改めが軽くないことを示すために、善堂に報告し、我輩の経を朗誦せよ。十日めには必ずや霊験があり、我輩が顕れるであろう。」

関帝の乩示ビラに描かれた図。関帝が用いる印であると記されている

五回めの乩示は長い散文であった。ここには、先述した救劫の善書と共通するモチーフが登場する。旧暦三月二十四日、関帝は天宮の門で火神、風神、太白金星がまさに地上に降りようとしているところに出くわした。関帝が問うたところ、地上の民の悪業三昧に激怒した玉皇が、彼らを地上に派遣し、河川を氾濫させ、疫病を撒き散らし、人類の数を半分にしてしまえと命令したという。驚いた関帝は玉皇に対し、少なくとも半年の猶予を与えてほしいと懇願した。すると玉皇は、関帝を天の瘟疫部門の責任者に任命し、すべての省に「功《こう》過《か》格《かく》」（功＝善行をプラス・ポイント、過＝悪行をマイナス・ポイントとして換算する表）の審査官百人、生前清廉潔白であった官僚の幽霊数人、そして冥界を浮遊している鬼卒千人を派遣し、悪い人間を調査するよう命じた。瘟鬼《おんき》は孝の家や友

愛の家には入って行けないが、悪い人間のいる家にはずかずかと入り込み、たちまち取り憑いてしまう。ここ数日間に、おそろしい光景（ペスト患者の発生）が相次いで見られたのは、こうしたいきさつによるものである。――

飯島渉氏によれば、ペストはすべての人々に一様に被害を与えたわけでなく、広州でも、また香港でも、犠牲者の大部分は粗末な家屋が密集する地域に住む下層民であったという。善堂に集まり、扶鸞儀礼に参加した人々は、おそらくペストに感染した下層民よりはずっとましな暮らしをしていたのであろう。感染を免れた人々は、行いが良かったためだと自らを安心させたかったのかもしれない。だが、止まるところを知らないペストの勢いに、天に恥じるところがまったくないわけではない大部分の人々は、次にやられるのは自分かもしれないという不安に駆り立てられたことだろう。

五回めの乩示の最後には、ペストを避けるため戸口に貼っておくべき符や、万が一感染した場合の外科療法や、十七種類の草薬を煎じて作る「湯薬《とうやく》」の薬方が伝えられた。その処方はかなり専門的で、たとえば、腺ペストに特徴的な症状であるリンパ節の腫脹《しゅちょう》がひどい場合は、銀の針で突き刺し、内部の黒い毒血を出してやるといったことや、ペストが肺を侵した場合は、鼻から薬の粉を吸引させてやるといったことが書かれている。おそらく、この乩示を作成した善堂のメンバーの中には、専門的な中医の医薬知識を持った人物がいたに違いない。

乩示には、このビラを二十部印刷して配れば出資者一人がペストの感染を免れ、二百部印刷して配れば、その家族全員が感染を免れると書かれていることから、おそらく当時、相当数のビラが香港中、もしくは広東にまでばらまかれたのであろう。そのうちの数枚が偶然欧米人の手に渡り、こうして我々の目にも触れることになったのである。

一八九四年のペスト流行時、神々が降りて救済の乩示を伝えたのは、もちろん香港の善堂だけではなかった。香港、広東の善堂、廟はもちろん、個人の家の乩壇、県公署に至るまで、人々はさまざまな場所で扶鸞儀礼を行い、神々の降壇を求めたのである。その中には、疫病が治まってからも継続して扶鸞儀礼を行い、やがて土地や建物を購入して善堂の設立に至るものがあった。ここでは、一八九四年以来頻発したペスト禍を契機として創設された扶鸞結社のうち、現在まで存続している二つの道教団体を紹介しよう。

省躬草堂の創設と医療活動

清末、広州府城東の番禺《ばんぐう》県県公署の裏手には、いつの頃からか無名の神像が祀られていた。その神が霊験あらたかであることは密かに知られており、近所の人々が折に触れ参拝に訪れていた。一八九四年春、広州にペストが大流行すると、恐れおののいた人々は神像の前に集まり、符と薬方を求めて扶鸞儀礼を行った。

四月二十一日の夜、土地神である福徳神に始まり、郭大仙、張大仙、曾《そう》大仙という漢代の隠士が次々と降壇した。人々が「疫病に効果のある霊符を賜りたい」と申し出ると、三人の仙師は答えて言った。「友人の広成子《こうせいし》という道教神仙なら『下凡済世《げぼんさいせい》』(下界に降りて、世を救済する)に意欲があるので、私たちが代わりに頼んでみよう。」四月二十三日の夜、人々は再び公署の裏手に集まって扶鸞を行い、広成子の降壇を待った。何度か試みた後、ついに広成子が友人の仙師たちとともに降りてきて告げた。「吾は玉虚官《ぎょくきょかん》門下の広成子なり。友の命《めい》をうけて降壇せり。」広成子は人々の願いを聞くやいなや、さっそく「筆と紙を取ってこい」と命令を下した。そしてまたたくまに、ペストに効果のある治病符一式を記して見せたのであった。

その日以来、広成子とその仲間の仙師は頻繁に降壇し、そのたびに符やさまざまな教えを授けていくようになった。五月二十六日の夜、信者たちは広成子に対し、県公署の裏庭に仙壇を設立し、広祖師の像を祀りたいと申し出た。すると広成子は次のように答えた。「もし誠の心で行うならまかせよう。だが華美である必要はない。」潘宝善《はんほうぜん》をはじめとする創立メンバーの中には、科挙の地方試験「郷試」の合格者である「挙人《きょじん》」の資格や、官費学生である「貢生《こうせい》」「廩貢生《りんこうせい》」などの資格を持った郷紳が名を連ねており、仙壇設立の手続きはスムーズだった。六月一日、番禺県の県知事の批准が下り、仙壇建設のための土地が給付された。六月二十九日、殿宇の落成式が盛大に催され、「省躬草堂《しょうきゅうそうどう》」がここに成立した。

香港・大埔の省躬草堂の薬局

以上のいきさつは、省躬草堂に降りた歴年の乩示をまとめて編纂した鸞書『省躬録』に事細かに記されている。創立当初の活動は薬方と符の処方が中心であった。省躬草堂のメンバーの中には中医の専門知識を持った者がいたらしく、その処方は具体的かつ詳細なものであった。その後草堂では、贈医施薬事業のほか、種痘、丸薬・散薬の製造および配布、施葬（埋葬金の補助）、施粥《せしゅく》（粥《かゆ》の炊き出し）、産婦への補助金など、各種の救済事業を展開していった。

丸薬・散薬の製造は神仙の処方に基づくもので、製薬職人を雇って製錬させた。『省躬録』に掲載された製薬のマニュアルには、「安胎保産催生丸」「可宝丸」「止咳《しがい》丸」「聖和丹」「十香止痛丸」「衛生丸」などの名前が見える。民国初年には、広州市内に聖和堂という中薬店を開設し、戦場や被災地への医薬物資の託送業務を積極的に行うようになった。

現在、香港新界の大埔《タイポー》にある省躬草堂は、一九三四年に広州の省躬草堂の一部のメンバーが中心となって設立された。広州と香港の草堂は独立して運営されていたが、乩手はしばらくの間広州から呼び寄せていたという。新中国成立後、広州の省躬草堂は活動を停止し、大埔の省躬草堂に将来を託した。大埔の草堂には西洋医学と中国医学の診療所があり、創立以来力を入れてきた医療活動の伝統が今に受け継がれている。

参拝客で賑わう現在の黄大仙祠

香港黄大仙祠のルーツ

香港で最も多くの参拝者が訪れることで知られる「黄《こう》大仙祠《たいせんし》」の創立も、十九世紀のペスト流行と関わっている。ここでは、ラングとラグバルトの『難民の神の出現』と呉麗珍《ごれいちん》の『香港黄大仙信仰』を参照しながら、黄大仙祠の初期の歴史をたどってみることにしよう。

黄大仙祠の前身「普慶壇《ふけいだん》」の創立者 梁仁庵《りょうじんあん》は、一八六一年、広東省南海県西樵山麓の稔崗《じんこう》村の薬商の家に生まれた。成人した梁は、父親の後を継がず、中国税関の事務官となったが、一八九四年以来広州をたびたび襲ったペスト禍は、彼の進路を大きく転換させることとなった。中国医学や道教の医薬知識に囲まれて育ち、扶鸞を習得していた梁は、彼の親しい友人たちとともに、この時、ペストに効く仙方を求めて扶鸞を行った。

彼らのもとに降りたのは、「赤松《せきしょう》黄大仙」と名乗る神仙であった。赤松黄大仙とは、六朝時代の仙人の伝記を記した『神仙伝』によれば、生前の名を黄初平といい、浙江省金華山《きんかざん》の羊飼いであった。十五歳で仙人と出会い、以来四十年あまり金華山の石室で修行し、得道成仙した。黄大仙の信仰は、もともと金華山地方の地方信仰に過ぎなかったが、明代頃にはすでに、神仙信仰に関心を持つ広東の文人にはよく知られた存在であったらしい。

赤松黄大仙が梁仁庵らに伝えた薬方は、大変効果があった。やがて黄大仙の薬方の噂を聞きつけた多くの人々が彼らのもとに集まり、黄大仙の弟子になることを願い出た。一八九八年、広州に再びペストが流行したこの年の八月、梁仁庵らは番禺県番山に黄大仙を祀った最初の乩壇「普済壇《ふさいだん》」を設立した。

翌年、信者たちは広州郊外の芳村に新たに廟宇を建設した。門に掲げられた扁額には「黄大祠」の三字が、対聯《ついれん》には、黄初平の「叱石成羊《しっせきせいよう》」（黄初平が石を叱咤すると、石がたちまち羊に変わった）という故事にちなんで「羊成叱石、丹煉回春」の八字が、乩筆による筆文字で鮮やかに記されていたという。祭壇には、黄大仙を中央に、文昌帝君、呂祖、観音菩薩、文殊菩薩等、儒仏道三教の神仏が祀られた。

一九〇四年、芳村の普済壇は、海軍中佐をはじめとする有力者を新しいスポンサーに得て、廟の拡張工事に着手した。改修後の普済壇の敷地内には、庭園や宿舎、経堂などが建てられた。また医薬局が設置され、中医師が常駐して贈医施薬のサービスを行った。それまでの黄大仙の乩詩や薬方をまとめた霊籤《れいせん》（おみくじ）が作られたのもこの時期である。この霊籤は、後に黄大仙祠といえば霊籤と言われるほど人気を博した。

この頃、梁仁庵は税関の事務官を辞職し、故郷の稔崗村にもどっていた。言い伝えによれば、黄大仙の「近いうちに広州に動乱が起きるであろう」との乩示により、村にもどることを決意したのだという。梁は村内に小さな乩壇を設立し、「普慶壇」と命名して、細々と贈医施薬を続けた。

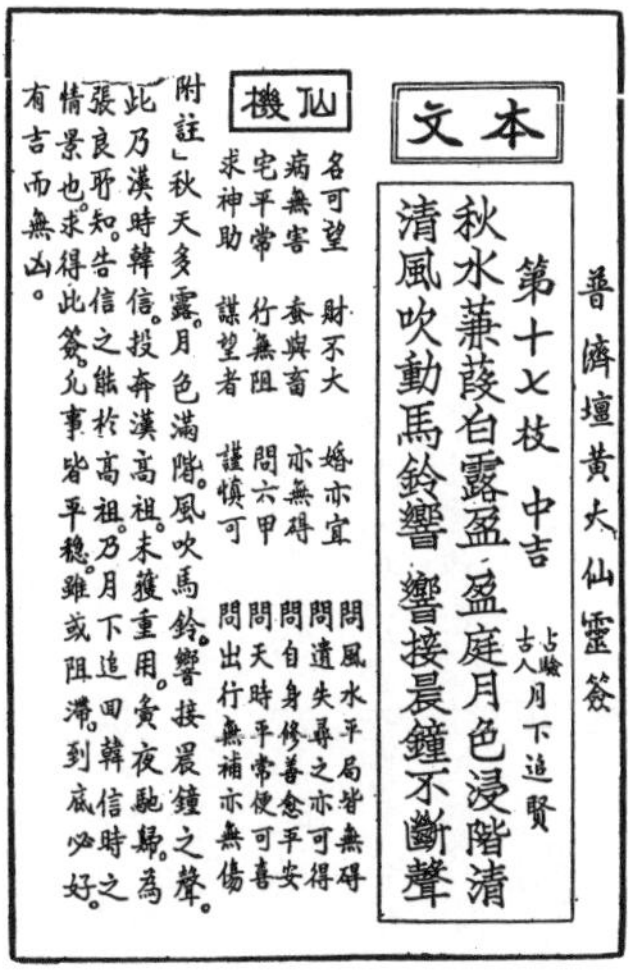
普濟壇黃大仙靈簽

本文

第十七枝 中吉 占驗古人月下追賢

秋水蒹葭白露盈 盈庭月色浸階清
清風吹動馬鈴響 響接晨鐘不斷聲

仙機

名可望 財不大 婚亦宜
病無害 蚕與畜 亦無碍
宅平常 行無阻 問六甲
求神助 謀望者 謹慎可
問風水平局皆無碍
問遺失尋之亦可得
問自身修善愈平安
問天時平常便可喜
問出行無補亦無傷

附註」秋天多露。月色滿階。風吹馬鈴。響接晨鐘之聲。此乃漢時韓信。投奔漢高祖。未獲重用。黃夜馳歸。為張良所知。告信之能於高祖。乃月下追回韓信時之情景也。求得此簽。凡事皆平穩。雖或阻滯。到底必好。有吉而無凶。

黄大仙の霊籤とその解説（黄大仙祠の前身「普済壇」の霊籤を集めた冊子『古本註解黄大仙霊簽』より）

民国期に入ると、広東の治安は都市、農村を問わず急速に悪化した。稔崗村一帯も匪賊《ひぞく》が横行し、軍閥の争いにまきこまれる事態となった。一九一五年、「この地に長く留まるべきではない」という黄大仙の乩示を受け取った梁は、黄大仙の画像を背負って香港に渡った。そして香港島の湾仔《ワンチャイ》に薬屋を開き、店の奥に黄大仙を祀る乩壇を置いた。一九二一年、梁仁庵と同郷の信者たちは乩示に従い、九龍半島西部の獅子山麓の竹園村に風水のよい土地をさがし、新しい殿宇の建設に着手した。すなわち現在の黄大仙祠がある場所である。黄大仙祠付近は、今でこそ、高層マンションが林立し、地下鉄が走る大都会となっているが、梁仁庵らが黄大仙祠を建てた当時は、寒村がいくつか点在する荒地に過ぎなかった。

一九二一年、信徒たちは資金を出し合い、竹園村の敷地に道壇組織「嗇色園《しょくしきえん》」を創立した。創立当初、黄大仙の名は香港ではほとんど知られておらず、活動は信徒とその家族が参加するだけの小規模なものであった。一九二四年、嗇色園は九龍城西貢《サイコン》に薬局を開設し、中医師を常駐させて贈医施薬を始めた。この頃から少しずつ、黄大仙の薬方の評判が巷に広まり始めた。

一九三八年八月、日本軍による広州陥落後、広東からの難民がどっと押し寄せた香港にコレラが流行した。この時、難民たちは黄大仙の仙方を求めて、黄大仙祠の門前に大挙してなだれ込んだという。こうして黄大仙信仰は少しずつ香港の人々の間に浸透していった。

戦後、黄大仙祠は香港を代表する廟へと発展した。嗇色園もまた、東華医院と並ぶ香港有数の慈善団体へと発展し、病院、学校、老人ホーム経営など、多くの事業を展開している。新型肺炎SARSが流行した二〇〇三年三月、黄大仙祠では、瘟疫を鎮め健康を祈願する誦経《ずきょう》礼懺《れいさん》の法会が行われた。疫病の流行時、黄大仙に託した人々の思いは、現在に至るまで受け継がれているのである。

2 民国期の新宗教運動

清末の扶鸞結社運動は、民国期に至り、新たな宗教的潮流を生み出した。伝統的な乩壇や善堂には見られなかった組織力と政治力を備えた新興の宗教教団が、次々と勃興していったのである。ここでは、酒井忠夫氏の研究（『近・現代中国における宗教結社の研究』）や吉岡義豊氏の研究（『現代中国の諸宗教』）をはじめとする先学の研究を参照しながら、代表的な教団を三つ紹介したい。

道院（紅卍字会）

松本清張の遺作となった小説『神々の乱心』の中に、殺人事件の鍵を握る新興宗教「月辰会《げっしんかい》」の教祖となる人物が、満州で「道院《どういん》」と呼ばれる宗教結社を訪ね、そこで日本人の若き未亡人と出会うシーンがあるのをご存知だろうか。ここに出てくる「道院」とは、実在の宗教教団である。道院は、「道院紅卍字会《こうまんじかい》」とも呼ばれ、民国期に勃興した新興の宗教教団の中でも、とりわけ大きな勢力を誇った。

道院の発祥は山東省濱《ひん》県に溯る。濱県の県公署には尚真人《しょうしんじん》という神を祀る大仙祠があったが、一九一六年頃から、県長、駐防営長、県公署の役人がこの祠堂に乩壇を設け、県政に関する公事から家庭の私事に至るまで、神託を請うようになった。一九一八年以降、中核メンバーのうち、二人が同省の済南《さいなん》に転任したため、済南の自宅に壇を設けて扶鸞を行うようになった。この頃から訪れる信者が増え始め、一九二一年には、新しい場所を借りて改めて壇を開設した。これが済南道院の始まりである。それまで限られた人々の集まりであった結社を公開し、一般の人々が入道する道を開いたことによって、入道者は急激に増加した。支部である各地方道院の設立は、発祥の地である山東省から始まり、北京、天津などの直隷《ちょくれい》省、江蘇省を含む長江流域、東北各省へと達し、一九二八年までには十九の省に二百か所以上の道院が開設されるに至った。一九二四年には関東大震災での救援事業をきっかけとして神戸道院が開設され、その後は台湾、香港、シンガポールにも支部が置かれた。日本での道院開設を手助けしたのは、出口王仁三郎《おにさぶろう》を教主とする「大本教《おおもときょう》」であった。

道院の宗旨は、主なものとしては、①災劫を生み出す人心を救うことによって劫を化し、世を救う「化劫救世《かごうきゅうせい》」説 ②孔子、老子、仏陀、キリスト、マホメットの五教教主を祀り、その上位に最高神「至聖先天老祖」を置く五教合一、③静座して自己を修める内修と、慈善を行って他者を救う外修の兼修による修養法、の三つが挙げられる。儒仏道の三教にキリスト教やイスラム教を含めた五つの世界宗教の大同団結を強調したところに新しさはあるものの、道院の宗旨は、基本的には前近代の中国民間宗教結社の伝統を継承するものであった。

現在の香港紅卍字会

道院の運営は、すべて扶鸞を介した神々からの託宣に委ねられていた。『神々の乱心』の中では、謎めいた未亡人が乩手となり、妖しい雰囲気の中で扶鸞儀礼が行われるのだが、これはもちろんフィクションである。実際の道院における扶鸞儀礼は、「纂方《さんぽう》」と呼ばれる二人の乩手によって支えられた丁字型の乩筆が、沙盤に記していく文字を「宣方《せんぽう》」が読み上げ、「録方《ろくほう》」が記録する。「正纂《せいさん》」すなわち正乩手は、教団内で六か月ほどの訓練を受けた特定の信徒が務める。

一九二二年、道院は赤十字社（中国語では「紅十字会」）に倣い、各種の慈善事業を任務とする「紅卍字会」を設立した。紅卍字会の設立にあたっては、上海各界の名士や国民党政府の大物に支持をとりつけたと言われる。紅卍字会の事業は、医院や学校、貧民工作所、育嬰堂《いくえいどう》（孤児院）、残廃院（身障者養護施設）などの施設の運営のほか、施粥、施棺、施薬、冬賑《とうしん》（冬季の貧民救済事業）などの事業を定期的に行っていた。さらに臨時の援助事業として、自然災害や日中戦争の被災者、傷病兵の救護、援助物資の手配、遺体の回収、埋葬といった事業にも力を尽くした。

悟善社（救世新教）

道院より少し遅れて、一九一九年には北京に「悟善社《ごぜんしゃ》」という教団が創設された。悟善社は、もともと河南省の「広善社」という呂祖乩壇の信徒三人が、呂祖の命に従い、北京の呂祖信徒と協力して設立した乩壇を出発点としている。

悟善社の刊行物『霊学要誌』の創刊号（一九二〇）に記載された呂祖の乩示には、「持身《じしん》」（功過格に従って自己の行為を反省する）、「勧人《かんじん》」（文書、口頭による教化）、「済貧《さいひん》」（貧民救済）の三条が掲げられている。ここからもわかるように、悟善社の理念と活動は、民衆道教的な自己修養と民衆教化、慈善を軸とする伝統的な乩壇や善堂の延長線上にあった。

一九二四年、すなわち万物一新の紀元とされる甲子の年、悟善社は新たに「救世新教《きゅうせいしんきょう》」と改名し、再出発した。当時の代表者には、段祺瑞《だんきずい》、江朝宗《こうちょうそう》、呉佩孚《ごはいふ》、銭能訓《せんのうくん》など、北洋軍閥の軍人、官僚が名を連ねていた。救世新教の名は、儒教、仏教、道教、イスラム教、キリスト教の五教の教義を統合して新たな宗教を立てるという主旨からつけられたものであった。
悟善社を改組して新たに出発した救世新教は、教義、儀礼、組織の整備を行い、入教規則や修持課程などが現代的に改められた。また道院と同様、養老院、育嬰院、病院、施薬院の運営や、貧民救済、被災民や難民の救護事業に力を入れた。だが、扶鸞の役割を後退させ、近代的な宗教に脱皮しようとした救世新教は、一般大衆からは支持されず、教勢は伸び悩んだ。教綱に掲げられた事業計画の中には、実現しないまま終わったものも少なくなかった。

同善社

以上は華北から興った新興宗教教団であるが、華中の四川省一帯では、一九一四年頃から、「同《どう》善社《ぜんしゃ》」と呼ばれる宗教的修養結社が勢力を拡大しつつあった。同善社の創唱者彭廻龍《ほうかいりゅう》は、清代の無為《むい》金丹道《きんたんどう》あるいは青蓮教《せいれんきょう》とも称した民間宗教教派の分派に連なる人物であった。同善社は、主に地方の郷紳・富商層に教勢を伸ばし、一九二〇年代には中国各省各県に事務所を置くまでに至った。総本部は四川に置かれ、その下に華北を統括する北京同善総

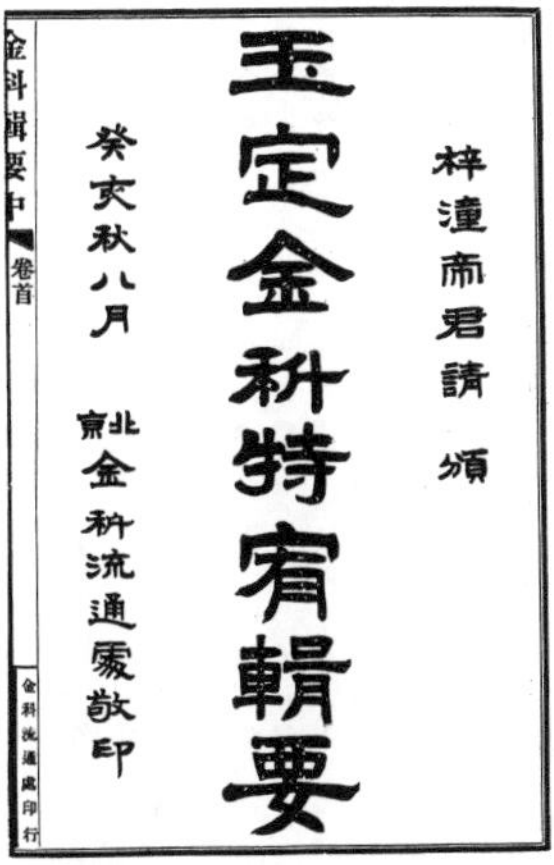

同善社発行の善書『玉定金科特宥輯要』扉

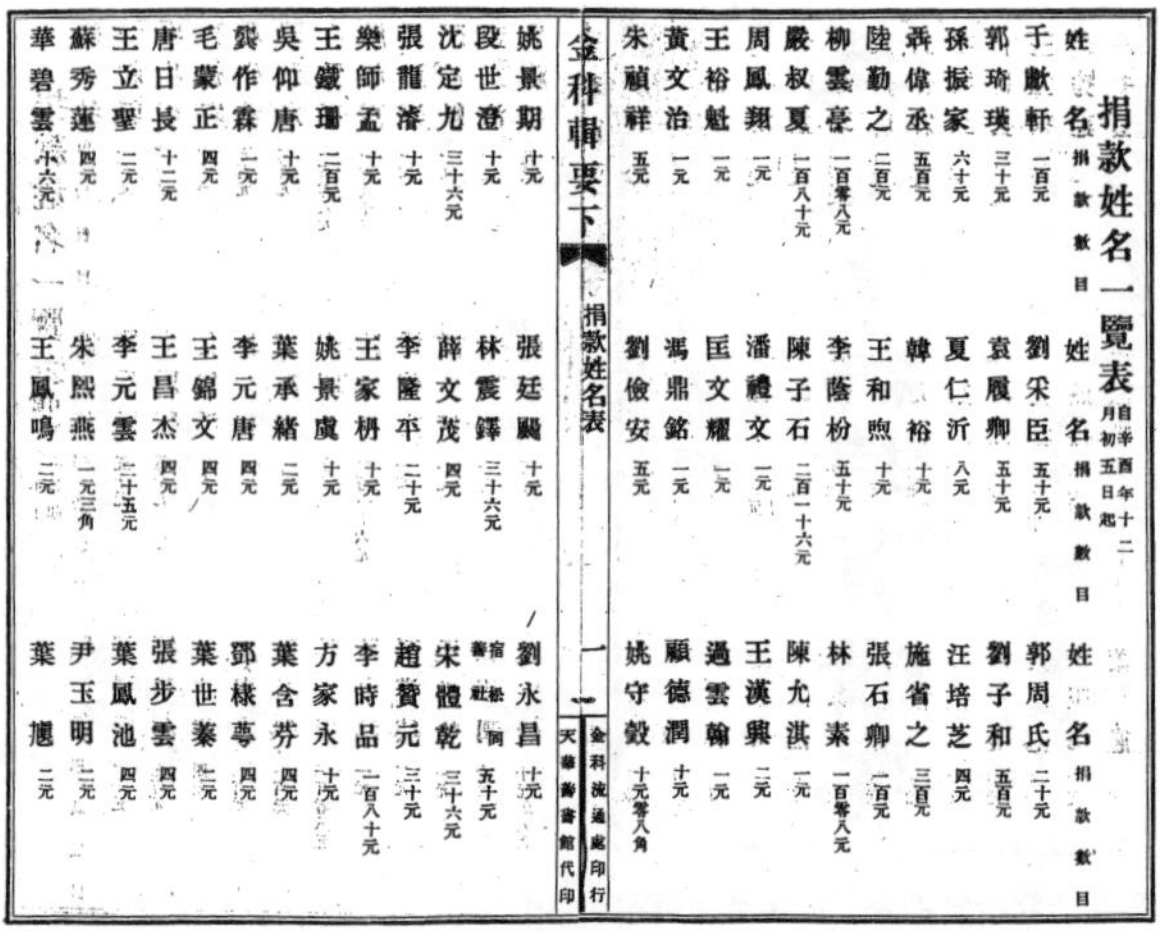

捐款姓名一覽表 自辛酉年十二月初五日起

姓名	捐款數目	姓名	捐款數目	姓名	捐款數目
于歡軒	一百元	劉采臣	五十元	郭周氏	二十元
郭琦瑛	三十元	袁履卿	五十元	劉子和	五百元
孫振家	六十元	夏仁沂	八元	汪培芝	四元
聶偉丞	五百元	韓　裕	十元	施省之	三百元
陸勤之	二百元	王和煦	十元	張石卿	一百元
柳雲亭	一百零八元	李蔭枌	五十元	林　素	一百零八元
嚴叔夏	一百八十元	陳子石	二百一十六元	陳允淇	一元
周鳳翔	一元	潘禮文	一元	王漢興	二元
王裕魁	一元	匡文耀	一元	過雲翰	一元
黃文治	一元	馮鼎銘	一元	顧德潤	十元
朱禎祥	五元	劉儉安	五元	姚守穀	十元零八角
姚景期	十元	張廷颺	十元	劉永昌	十元
段世澄	十元	林震鐸	三十六元	宿松善社同	五十元
沈定允	三十六元	薛文茂	四元	宋體乾	三十六元
張龍濬	十元	李隆平	二十元	趙贊元	三十元
樂師孟	十元	王家柄	十元	李時品	一百八十元
王鐵珊	二百元	姚景虞	十元	方家永	十元
吳仰唐	十元	葉承緒	二元	葉含芬	四元
龔作霖	一元	李元唐	四元	鄧棣蓴	四元
毛蒙正	四元	王錦文	四元	葉世蓁	二元
唐日長	十二元	王昌杰	四元	張步雲	四元
王立璽	二元	李元雲	二十五元	葉鳳池	四元
蘇秀蓮	四元	朱熙燕	一元三角	尹玉明	二元
華碧雲	十六元	王鳳鳴	二元	葉　攄	二元

金科輯要下　捐款姓名表　一

金科流通處印行　天華齋書館代印

『玉定金科特宥輯要』の巻末に掲げる出資者の名前

社と、華南を統括する漢口の漢口合一会総社が置かれた。

同善社は、儒教、仏教、道教の三教を奉じ、八徳の理念を掲げ、「正心修身、勧善改過」（こころをただして身を修め、善行を奨励し、過ちを悔い改める）の道を進むことを宗旨としていた。また同善社では、道院や悟善社と同様、「勤修内功《きんしゅうないこう》」（静座などの内的修練）と「広積外果《こうせきがいか》」（お布施、善行などによる積徳）の両立を提唱した。

同善社の支部には、有力官僚や富商、軍人、地主など地方名士が多く集ったため、政治的秘密結社と見なされることもあった。一九二一年には、陳独秀《ちんどくしゅう》が湖南省湘潭《しょうたん》県の地元紙『湘潭日報』に、「同善社を闢《しりぞ》く」と題する評論を発表し、同県の同善社の活動を、迷信を宣伝するものとして激しく批判した。一九二七年、迷信打破の風潮が高まる中で、国民党政府は同善社の活動を全面的に禁止した。その後、同善社の活動は地下に潜伏して続けられた。

同善社が、紅卍字会道院にも増して急速に全国に教勢を伸ばすことができたのは、なぜなのだろうか。一つには、同善社が静坐、念経、礼拝を行うことによって病を治し、長寿と死後の登仙成仏が可能になるという教えを広めていたためではないかと考えられる。はるか昔の後漢時代に興った「太平道」や「五斗米道《ごとべいどう》」から、現代中国の「法輪功」に至るまで、病を癒やし、不老不死を約束するさまざまな術や教義は、人々を信仰の道へと導く最も大きな吸引力となりうるのである。

このほか、同善社の地方支部の中には、信徒の亡くなった親族と扶鸞を介して交流させる儀礼を行い、死者超度のためのお布施を集めていたところもあった。さらに、末劫の到来を強調し、間もなく襲って来る大きな災劫を免れるには同善社に入るしかないと説く「大劫将臨《たいごうしょうりん》」説も、同善社への入信を促したであろう。

なお、民国期に勢力を拡大したこうした新興宗教教団は、一九四九年以降、いずれも「会道門《かいどうもん》」(反動的秘密宗教結社)と見なされ、中国本土での活動はすべて禁止された。このためほとんどの教団が台湾や香港、東南アジアなどに拠点を移し、その一部は現在もなお活発な活動を続けている。

3　霊学会と近代上海の心霊主義

近代心霊主義の台頭

十九世紀後半、中国各地で扶鸞結社の設立運動が興っていた頃、西洋では近代心霊主義《スピリチュアリズム》の嚆矢とされる事件が起きていた。一八四八年、アメリカのニューヨーク州ハイズヴィルのフォックス家で、ラッピング（叩音《こうおん》）によって霊との交信が行われ、霊からのメッセージが伝えられたのである。このニュースはアメリカ全土に伝わり、霊界との交信能力を持った若き姉妹は一躍有名人となった。当時、すでに多くの人々がメスメリズム、骨相学、スウェーデンボルグの神秘主義などに関心を寄せており、心霊主義を受け入れる下地は十分整っていた。そうした風潮の中で、ハイズヴィル事件は、多くの人々に霊や霊界が実在することを確信させ、「心霊主義」の熱狂的ブームを引き起こした。

心霊主義とは、死者との交信を通して、霊魂が死後も存在し続けることを信じ、そこから人生の教訓や真理を学んでいこうとする思想運動である。霊媒を介した神霊との交流は、古来より人類の宗教文化の重要な部分を占めてきたが、近代心霊主義の特徴は、科学的方法によって霊魂の実在を立証しようとしたところにある。すなわち「心霊学」「心霊研究《サイキカル・リサーチ》」と呼ばれる研究分野がここから生まれ、進化論者A・ウォーレス、物理学者W・バレット、シャーロック・ホームズ・シリーズのコナン・ドイルなど、当代一流の科学者や文学者がこの分野にのめりこんでいったのである。

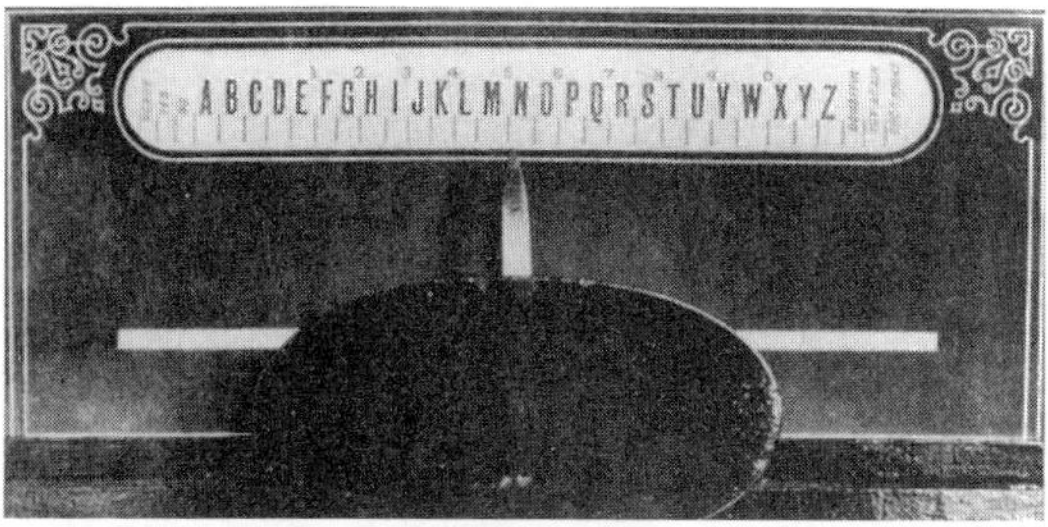

ウイジャ盤（『世界オカルト事典』より）

アメリカを席巻した心霊主義は、たちまちのうちにビクトリア朝時代のイギリスへと伝わった。イギリスにおける心霊主義ブームは、プロの霊媒を囲んで開かれる公開交霊会《セアンス》にもまして、家庭内で無名のアマチュア霊媒を囲んで開かれるプライベートな交霊会が大きな役割を果たしたと言われる。霊と交信する方法も、プロの霊媒に比して何ら遜色なく、テーブル・ターニングからウイジャ盤、プランシェット、自動筆記、トランス状態での語りに至るまで、あらゆる方法が試みられた。テーブル・ターニングとは、交霊会の出席者がテーブルを囲

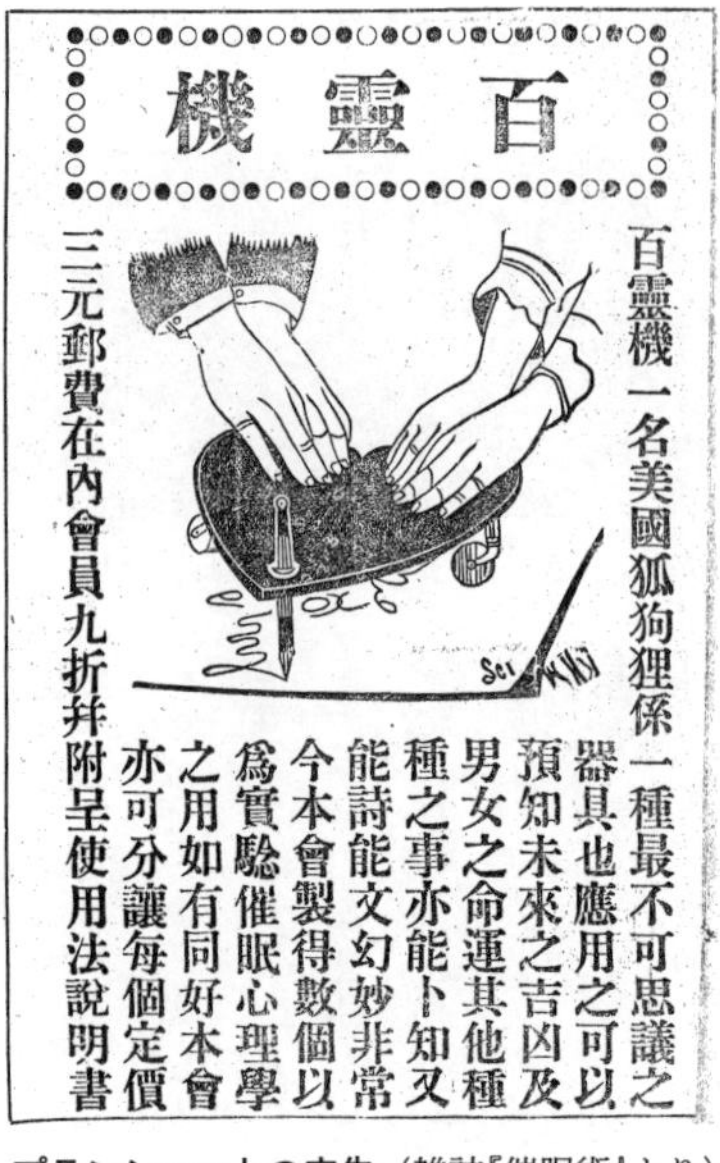
百靈機
百靈機一名美國狐狗狸係一種最不可思議之器具也應用之可以預知未來之吉凶及男女之命運其他種種之事亦能卜知又能詩能文幻妙非常今本會製得數個以爲實驗催眠心理學之用如有同好本會亦可分讓每個定價三元郵費在內會員九折幷附呈使用法說明書
プランシェットの広告（雑誌『催眠術』より）

み、手をテーブルの上に置き、テーブルの傾き具合によって、霊からの通信を受けるという方法、ウイジャ盤とはアルファベットや数字などを記した文字盤の上に、カーソル（指示器）をつけた自動書記の装置である。霊媒が指示器の上に手を置くと、指示器が自動的に文字や数字を指し示し、文章が綴られる。プランシェットは、二つの脚輪がついたハート型の板の先に鉛筆を挿し込み、板の上に手を置いて自動書記を行う装置で、方法としては中国の乩筆にやや似ている。プランシェットは、一八五三年フランスで発明され、一八六九年にアメリカの玩具メーカーが大量生産して大流行した。前章で取り上げたグレイ夫人の手紙の中で、広州の呂祖廟（修元精舎）で扶鸞儀礼を見たグレイ夫人が、イギリスで大流行したプランシェットのことを思い出したと書いているのは、きわめて自然な反応だったのである。

清末の中国で起きていた扶鸞結社の設立ブームは、西洋で起きていた心霊主義ブームとあまりにも時期が重なっているために、西洋人宣教師や貿易商人が持ち込んだ心霊主義の影響を見出そうとする立場もないわけではないが、歴史的経緯から言っても、またその内実から言っても、それぞれ独立して起きた現象と見るのが妥当であろう。十九世紀末から二十世紀にかけて西洋で心霊主義が熱狂的支持を得た背景には、近代科学の目覚ましい進歩によってキリスト教の権威が失墜し、伝統的価値観が大きく動揺する中で、心霊主義が新たな精神的よりどころを提供したことが指摘されている。また大量の犠牲者を出した第一次世界大戦時には、死者との交信を切望する多くの人々が心霊主義に傾倒した。一方、中国における扶鸞結社運動は、迫り来る末劫の到来を神仙の乩示に従って回避し、「善」によって荒廃した世を立て直そうという使命感を原動力としていた。このように両者の背景や目的は大きく異なっているが、共通点もある。それは、どちらの場合も旧来の社会秩序や価値観が激変する時代状況を背景としており、霊媒を介して霊的存在から伝えられる道徳復興的意味合いの強いメッセージが、頼るべき価値観を失ってとまどう人々の心に救いをもたらしたという点である。また、それらのメッセージが多くの場合文字によって伝達され、当時目覚ましい進歩を遂げた印刷技術によって、より広い地域に、より多様な階層に影響を及ぼしたという点においても共通している。

新しい知の流入

中国の扶鸞信仰が西洋の心霊主義思想と出会うのは、二十世紀に入ってからであった。ここで取り上げる上海の「盛徳壇霊学会《せいとくだん》」は、第一章でも触れたように、当時流入されたばかりの西洋の心霊主義思想に刺激を受けた人々によって、一九一七年に創設された乩壇であり、扶鸞信仰と心霊主義の出会いを見ていく上でふさわしい場と言えよう。

清末から民国初頭にかけて、西欧のさまざまな分野の知が翻訳を通して続々と輸入される中で、十九世紀以来、欧米社会を席巻したメスメリズムや神秘思想、心霊主義、心霊研究などの思想も、この時期盛んに紹介されるようになった。ためしに一九一七年から一九一九年にかけて、当時の最先端の文化や学術思想を紹介した『東方雑誌』に掲載された記事をめくってみると、イギリスの物理学者オリバー・ロッジ卿が第一次大戦で戦死した息子と行った交信記録の抄訳、英国心霊研究大会におけるW・バレットの演説の翻訳があるかと思えば、これらの記事と同じ号に、フロイトやユングの潜在意識についての記事や、催眠の理論で中国の呪術を解釈した「中国催眠術」というタイトルの記事が掲載されていたりする。当時本家本元ではオカルティズムの側に押しやられようとしていた心霊主義思想も、また心霊主義とは一線を画し、アカデミズムの側に立った近代心理学の学説も、すべては西洋の新奇な学問ということで、ほとんど同時期に、十把一絡げに輸入されていたことがわかる。

『東方雑誌』のページをさらにめくっていくと、一九一一年、「千里眼」実験で一躍有名になった日本の福来友吉《ふくらいともきち》博士の著作から抜粋した「研究心霊之価値」という記事や、井上円了《えんりょう》の「失念術」

の抄訳など、日本人の研究も目に付く。当時、心霊学や心理学の知識はすべて欧米から直接輸入されたわけではなく、催眠術や千里眼のように、日本での流行現象をまのあたりにした日本帰りの留学生や、関連書籍の翻訳によって紹介されたものも少なくなかった。

ちなみに、中国に催眠術が紹介されたのは、日本において催眠術が紹介され始めた明治二十年代よりもやや遅れ、一柳廣孝氏が『〈こっくりさん〉と〈千里眼〉』の中で述べている、明治三十六年（一九〇三）の第二次催眠術ブームあたりであろうと思われる。『民国時期総書目』によれば、一九〇六年に中国で初めて、異なる著者による二冊の『催眠術講義』という本が出版されている。一冊は後に北京大学校長となる蔡元培《さいげんばい》の編集による『催眠術講義』、もう一冊は光復会、同盟会などに参加した革命家陶成章《とうせいしょう》が会稽山人《かいけいさんじん》というペンネームで著した『催眠術講義』である。

会稽山人こと陶成章（一八七八～一九一二）は、東京に滞在していた一九〇二年の夏、本屋で『催眠術自在』という本を見つけたのがきっかけで催眠術に興味を持つようになった。翌年再び訪れた東京では、催眠術の本がベストセラーとなり、催眠術団体の会合が盛んに開かれていた。帰国後、陶は居を定めた上海で催眠術に関する講演を行う。『催眠術講義』はその講義録をもとに執筆されたものであった。ちなみに明治三十六年前後のブームでベストセラーとなった竹内楠三《なんぞう》の催眠術書『実験自在動物催眠術』（明治三十七年）は、中国では一九一一年に、『動物催眠術』というタイトルで翻訳出版されている。これ以後、上海には催眠術の研究や関連書籍の出版、さらには通信教育や催眠治療を施すことを謳い文句に掲げた民間の催眠術団体が次々と出現していく。

霊学会の創設

こうした風潮の中で、上海に盛徳壇霊学会が成立した。その中核的メンバーとなったのは、一九〇二年上海に創設された文明書局の創立者の一人である兪復《ゆふく》（字《あざな》は仲還《ちゅうかん》、一八六六〜一九三一）と、一九一二年創立の中華書局の総経理陸費逵《りくひき》（字は伯鴻《はくこう》、一八八六〜一九四一）であった。陸費逵は出版人であると同時に教育思想家としても知られる人物だった。陸費逵は霊学会が刊行した雑誌『霊学叢誌』創刊号の中で、次のように記している。

余はもともと鬼神の説を信じず、十数年来、仏も老子も退けてきたが、一九一七年秋、友人の楊宇青《ようう せい》が創設した乩壇で、余は記録を担当した。始めは疑っていたが、だんだんと信じるようになり、さらに扶術（扶鸞のこと）を練習し、助手を担当するまでになった。

それまで鬼神の説を信じなかった陸費逵が、鬼神の学である「霊学」を提唱したのはなぜなのだろうか。彼は彼の論文「霊魂と教育」（『霊学叢誌』第一巻一期）の中で次のように説く。現代は物質文明ばかりが極度に発達し、人々は欲望にふりまわされ、人格は堕落してしまった。この世の退廃した風俗を救うためには、精神教育が必要である。精神とは、心の作用とか、意識の作用などと言われるが、それらは精神の表象に過ぎず、その本体ではない。霊魂こそが精神の本体であり、人の人となるゆえんである。人は死後、その業力（善業が善果を、悪業が悪果を招く力）の高低大小によって、聖神にも仙仏にも、また善鬼にも悪鬼にもなる。肉体は滅びても、霊魂は生き続ける。肉体の苦楽は本物ではなく、霊魂の苦楽こそが本物なのだ。——陸費逵は、楊宇青の扶鸞を介して霊魂の実在と不滅を確信し、精神教育の根本は霊魂の解明と啓発にあるという結論に至ったのである。

楊宇青（字は光熙《こうき》）は兪復と同じ無錫《むしゃく》の人で、名乩手として知られる人物であった。一九一七年秋、楊は兪復や陸費逵とともに上海交通路通裕里《つうゆうり》に「盛徳壇」を設立した。まもなく壇の仕事を手伝わせるため、楊は二人の息子たちを無錫から呼び寄せた。彼の二人の息子、楊璿《ようせん》（字は瑞麟《ずいりん》）と楊真如《ようしんにょ》もともに乩手であったが、二人は従来の扶鸞だけでは飽きたらず、鬼神や霊魂に関する新しい知識に強い関心を持っており、催眠術普及や心霊研究を主旨とする民間団体「中国精神研究会」の会員となっていた。ちなみに、

中国精神研究会発行の雑誌『催眠術』

中国精神研究会とは、日本で催眠術を学んだ鮑芳洲《ほうほうしゅう》という人物を会長として創立された催眠術研究団体で、一九一七年当時は、神戸市熊内橋に総本部、上海虹口《ホンキュウ》に支部があり、さらに天津、漢口、蘇州、無錫に分会を置くべく画策していた。この無錫分会の設立に奔走していたのが、楊兄弟であった。

盛徳壇に百八十人の聖賢仙仏神祇《しんぎ》が次々と降壇したのは、一九一七年十月十一日午後のことであった。翌日、降壇した土地神は、孟子を主壇（主神）とし、荘子、墨子を輔壇《ほだん》（陪神）とする組織表を発表した。さらに有志会員を募って霊学研究の学会を組織し、毎月一冊叢誌を刊行せよとの命令を伝えた。「盛徳壇霊学会」はこうして発足した。翌年一月、『霊学叢誌』第一巻第一期が中華書局から刊行された。

霊学会をめぐる知識人たち

霊学会には、兪復と陸費逵の幅広い交友関係を背景に大勢の知識人が集まってきたが、その中には各界の著名人も少なくなかった。たとえば袁世凱《えんせいがい》の死後、中華民国の大総統となった黎元洪《れいげんこう》が題辞を寄せていたり、後に国民党右派の政治家となる呉稚暉《ごちき》が、かつて同郷の兪復や画家の丁宝書《ていほうしょ》とともに、無錫で新制小学校の創立に携ったよしみから、書簡を送っているなど、政界や教育界の大物たちが支持者として名を連ねていた。

もっとも、呉稚暉の場合はもろ手を挙げて支持していたわけではない。彼は霊学会に対し「鬼神の勢力が拡大するのは、国家の運命が終わりを告げる預兆ではないか。私は畜生道に堕ちて生まれ変わっても、科学の衰退を見るに忍びない」と書き送っている。これに対して兪復は、次のような趣旨の答えを『霊学叢誌』に発表している。

　科学が現代において重視されているのは、実証によって公律を定める系統的な学問であるからです。今日扶乩によって示された、空中に確かに物体が存在するという証拠は、ないがしろにはできません。現代の顕微鏡でも見えないからといって、その真理を抹殺してよいものでしょうか。微生物の学説が実証されていなかった時代、一滴の水に何千何万の微生物がいるという説は妄言と見なされました。けれども今、鬼神のことを言う者はみな無知蒙昧と見なされるのは、いったいどうしてなのでしょう。ひょっとしたら、霊魂間の伝達から、その正と負の極性の研究を進めることもできるかもしれませ

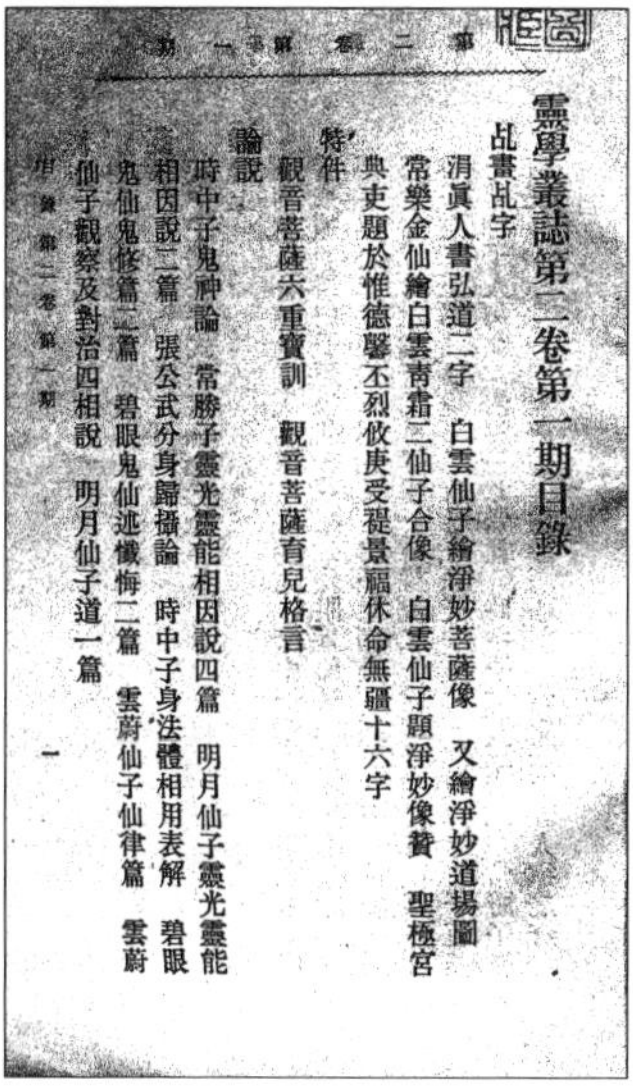
第二卷第一期

靈學叢誌第二卷第一期目錄

乩書乩字
涓眞人書弘道二字　白雲仙子繪淨妙菩薩像　又繪淨妙道場圖
常樂金仙繪白雲青霜二仙子合像　白雲仙子顯淨妙像贊　聖極宮
典吏題於惟德馨丕烈攸庚受禔景福休命無疆十六字

特件
觀音菩薩六重寶訓　觀音菩薩育兒格言

論說
時中子鬼神論　常勝子靈光靈能相因說四篇　明月仙子靈光靈能
相因說二篇　張公武分身歸攝論　時中子身法體相用表解　碧眼
鬼仙鬼修篇二篇　碧眼鬼仙逃懺悔二篇　雲蔚仙子仙律篇　雲蔚
仙子觀察及對治四相說　明月仙子道一篇

目錄　第二卷第一期　一

『霊学叢誌』目次（第２巻第１期）

ん。ロケットを肉体の限界まで飛ばし、他の惑星と行き来することはまだ不可能ですが、こういったことも霊学の大成を待って可能となるかもしれません。公（呉稚暉のこと）は霊学の説が科学の衰退を招くのではないかと疑っておられますが、私は霊学の成果が後に科学の成功をもたらすことを願っているのです。

（『霊学叢誌』第一巻第一期）

『仏学大辞典』の著者として知られる丁福保《ていふくほ》（字は仲祐《ちゅうゆう》、一八七四〜一九五二）もまた、霊学会の主要なメンバーの一人であった。丁福保は仏教学研究のみならず、医学叢書の編纂や『道蔵精華録』の編集等、多方面に才能を発揮したが、アカデミックな分野とともに、扶鸞の術や心霊学、催眠術といった少々怪しげな分野にも首を突っ込んでいた。彼は当時上海で大変人気があった済公乩壇「上海集雲軒済生会《しゅううんけんさいせいかい》」（一九一五年創立）の会員に名を連ねていただけでなく、催眠術の通信教育で当時頻繁に新聞広告を出していた「東方催眠術研究会」にも関わっていた。無錫で生まれ育った丁福保は、おそらく霊学会設立以前から同郷の兪復や乩手の楊父子と親交があったのだろう。丁福保の知識や思想が霊学会の方向性に少なからぬ影響を与えたことは間違いない。

霊学会に関わった知識人の中でも最も大物は、何と言っても『天演論』（T・H・ハクスリー『進化と倫理』の中国語訳）によって進化論を中国に初めて紹介したことで知られる厳復《げんぷく》（一八五四〜一九二一）であろう。『霊学叢誌』第一巻第二期、第三期（一九一八）には、厳復が兪復や侯疑始《こうぎし》などに宛てた二通の書簡が掲載されている。かつて進化論の適者生存の理論によって中国の伝統的思考をラディカルに批判した厳復であったが、これらの書簡を読むと、晩年の厳復が心霊主義思想や扶鸞に相当心酔していた事実が浮かび上がってくるのである。厳復は兪復に次のように書き送っている。

神秘の一事については、当然人類がいまだ解決に至っていない問題があります。……三百年にわたる科学の発展により、事物の厳正な証拠は、主観の間違い多きこと、耳目の頼りがたきことを明らかにし、歴史的に伝えられてきたことをすべて神話に帰してしまいました。すべてを打破し、一掃してしまうことの功績はないがしろにはできません。しかしながら世間は広く、現象は数知れず、確かに科学の法則で解明できないことが発生しますが、吾が定義にあてはまらないからといって、腹を立て、それを虚と見なすことができましょうか。ここ数十年来、神秘が専科となってきたゆえんでありましょう。……先生（兪復のこと）は先覚者として、これらのこと（霊学会や『霊学叢誌』）を発

厳復

起され、叙述は詳細にして慎重、むやみに増減することなく、着実に進めておられること、敬慕してやみません。（いただいた）叢誌十冊を知り合いに配ったところ、半日でなくなってしまいました。この研究が多くの人々によって支持されていることは明らかであります。

（『霊学叢誌』第一巻第二期）

厳復はまた、欧米の心霊研究事情にも詳しかった。侯疑始に宛てた手紙には、イギリス心霊研究協会（SPR）に関わった物理学者W・バレットの論文から、霊学の研究課題として、「①心霊感通の事、②催眠術の作用、③千里眼の力、④入神離魂の事、⑤科学では説明できない第六感について、⑥以上についての歴史的記載」の六つを挙げたり、十九世紀末のイギリスで活躍した二人の霊媒、D・D・ホームやS・モースの交霊会について触れ、扶鸞と比較したりしている。

晩年の厳復は持病の喘息《ぜんそく》に苦しんだ。手紙の最後で、彼は次のように述べている。

私も老境に近づき、持病は悪化する一方で、死も遠くはない。かつて宗教家の霊魂不死の説に対しては、「唯唯、否否、不然」（あいまいではっきりしない）の態度をとってきたが、まさに今は篤信を深く悟った。

（『霊学叢誌』第一巻第三期）

晩年における厳復の思想の転換を「保守化」または「反動化」と評することはたやすい。だがラディカルな啓蒙思想家であった厳復が、晩年になってなぜ霊魂の不死という問題に心を惹かれたのか、改めて考えてみる必要があるのではないだろうか。

心霊写真の撮影

霊学会では、霊魂の不滅、死後の世界、神仙や死霊との感応といった問題に一貫して関心を持っていたが、中でも霊学会が熱心に取り組んだのは「仙霊照相」、いわゆる心霊写真の撮影であった。霊学会が心霊写真に本格的に取り組み始めたのは、一九一八年の夏のことだった。この頃、丁福保は南京で写真館を営む旧友の呉樸臣《ごぼくしん》に出会い、心霊写真の撮影をしてみないかともちかけた。八月七日、半信半疑の呉樸臣が写真機を携え、盛徳壇を訪れた。さっそく、盛徳壇にしばしば降臨している常勝子《じょうしょうし》という神仙に撮影の許可を得、乩壇に写真機が据えられた。

その撮影方法とは次のようなものであった。沙盤の置かれた乩壇の神座に線香と燭台のみを置き、その反対側に写真機を据え、レンズを固定する。神座とレンズの距離は九インチ（約二二センチ）程度開ける。レンズの真正面にあるのは白布が掛けられた壁のみである。沙盤に乩筆を置き、レンズの絞りを調節し、感光板を挿入してレンズを開く。一回目の試みでは、電灯の光が弱いので露光時間を長くすべきだという呉樸臣のアドバイスに従い、長時間レンズを開けた状態にしておいた。撮影後、呉樸臣は感光紙を取り出し、現像のため家に持ち帰った。夜遅く、呉樸臣が現像した写真を見せに壇にもどってきた。「あまり出来はよくないが、なんとか写っている。」兪復らが写真を覗き込むと、そこにはなんと、以前扶鸞を介して描かれた常勝子の絵を彷彿とさせる道者の姿がうっすらと写っていた。壇に集まった人々は歓声を上げた。

その後盛徳壇では、五日間にわたって六回の撮影が試みられた。途中からは、神仙が自ら光を発するならば、暗闇でも撮影可能であろうと予測し、電灯を消して試してみることになった。すると露光時間わずか四十分で、樹木や池に沿った石畳の道が配された見事な庭園の風景が感光紙にくっきりと写し出されたのであった。

兪復の「盛徳壇試照仙霊記」(『霊学叢誌』第一巻第六期、一九一八)には、八月初旬に行われた心霊写真をめぐる試行錯誤の過程が詳しく記録されている。兪復は、心霊写真の成功を「光学の原理にも背くこの事実は、未来の学問に影響を及ぼすこと極めて大なり」と絶賛し、「心霊写真の事実をまのあたりにすれば、誰しも霊魂不滅の理論を確認しないわけにはいかない」と断定している。

盛徳壇ではその後もたびたび心霊写真の撮影が試みられ、一九二二年には『仙霊照相 附鬼霊照相』というタイトルの心霊写真集も出版された。神仙、死者の霊、仙境などが写し出された三十九枚の心霊写真を掲載したこの写真集は、現在上海図書館に所蔵されているが、はっきり言って、全く怖くない。神仙や仙境の写真はどう見ても稚拙な絵画としか見えず、残念ながら迫真性にほど遠い。
霊学会の人々は心霊写真が写し出される原理をどのように考えていたのだろうか。『霊学叢誌』に掲載された「霊光論」と題された一連の乩示によれば、神仙も、鬼霊も、そして生きている人間もみな霊光を具えており、この霊光によって写真撮影が可能となるという。

世界で最初の心霊写真は、一八六一年にアメリカの写真家ウィリアム・H・マムラーによって撮影されたと言われている。十九世紀後半、心霊主義の大ブームが巻き起こったアメリカやヨーロッパでは、心霊写真の撮影が、霊魂の不滅を科学的に実証しようとする熱心な心霊主義者たちの関心の的となった。日本でも、写真技術が普及した明治時代初期には、すでに心霊写真の撮影が行われていた。

では中国では、いったいいつ頃から、どこで、心霊写真が撮影されるようになったのだろうか。正確なところはわからないが、上海ではすでに一八六〇年代には外国人経営の写真館が何軒も開業していたというから、写真に神仙や亡霊が写

常勝子の心霊写真（『霊学叢誌』より）

『新青年』

し出されることがあるということは、かなり早くから知られていたのではないかと思われる。先述した道院や悟善社でも、神々の写真撮影が試みられたらしい。一九二一年には天津の劇場で、「呂仙三戯白牡丹」（呂仙三たび白牡丹《はくぼたん》に戯《たわむ》る）という芝居の公演中に突然停電となり、暗闇の中に一瞬顕れた呂祖の姿が撮影されるという事件が起きている。私が香港の信善紫闕玄観で毎日のように頭を下げていた「呂祖真像」とは、実は天津でこの時撮影された写真の複製版である。信善紫闕玄観に伝わる言い伝えによれば、あの「呂祖真像」は、紫闕玄観の祖壇「信善堂」の創立者黄藻善《こうそうぜん》（黄春華）が広州の古道具屋で見つけてきたものだと言われている。

『新青年』V.S.『霊学叢誌』

さて、こうした霊学会の活動に対し、民主と科学を旗印に掲げる雑誌『新青年』の中で、陳大斉《ちんだいせい》や銭玄同《せんげんどう》、魯迅《ろじん》ら新文化運動の旗手が、激しい攻撃の矢を浴びせたことは、よく知られている。というよりも、霊学会は『新青年』で槍玉に挙げられることによって、後世に名を残したと言ってもいい。

陳大斉は、「霊学を闢《しりぞ》く」（『新青年』第四巻第五期、一九一八）と題する論考の中で、『霊学叢誌』の内容を「その荒唐無稽ぶりたるや、まことに抱腹絶倒」と嘲笑し、「ああ、二十世紀科学昌明の世界にあって、いまなお原始時代のきわめて不合理な思想を以て人を愚弄しようとは」と嘆く。

『新青年』の霊学攻撃の理論武装に用いられたのは、当時すでに紹介されていた催眠術の原理や変態心理学（異常心理学）の理論であった。陳大斉の解釈する扶鸞の原理とは、概略すれば以下のようになる。

新聞『時報』の広告。『霊学叢誌』と『新青年』が仲良く（？）並んでいる

乩は何によって動くのか。それは扶者の無意識の筋肉動作によるのであって、神霊が憑りついたからではない。筋肉の無意識の自動作用は催眠術を施す際にしばしば認められる。扶乩で得ら

れる文は、扶者には意識されない下意識（潜在意識）の自我によって記されたものである。にもかかわらず、乩書が往々にして古人の名に仮託するのは、古人の言ったことなら何でもありがたがる中国人の奴隷根性の表れである。

要するに扶鸞現象とは、精神病者の幻視や夢遊病者の夢体験と同様、変態心理現象に属するものであり、科学的研究の基礎や根拠とはなりえないと主張するのである。

『新青年』の霊学批判の精神は、一九一九年の五四運動に引き継がれ、さらに中国共産党の宗教観や科学観にも大きな影響を与えた。従来の中国近代史の見方では、『新青年』が近代的、科学的、革新的、合理的精神の象徴であるとすれば、『霊学叢誌』は封建的、非科学的、保守的、非合理的、旧弊的なるものの象徴とされてきた。前者は圧倒的な勝者であり、後者は前者によって打破される敗者と見なされ、中国近代思想史研究の中でまともに取り上げられることはなかった。だが、霊学もまた確かに『新青年』と同時代の知的風潮の産物であった。霊学が、救国救民の使命感に燃えながらも、『新青年』のラディカルな反伝統主義に共鳴できない知識人の心を少なからずとらえたことも、まごうことなき事実である。彼らはいったい霊学に何を託そうとしていたのだろうか。彼らの夢と挫折について考えることは、中国の近代を従来とは異なった視点から眺めてみる一つのきっかけとなるはずである。

第五章

華人社会に広がる扶鸞結社

中国本土を離れて海外へ移民し、移民先の社会に根を下ろして暮らす華人のネットワークは、今や世界中にはりめぐらされるようになった。華人ネットワークの拡大とともに、扶鸞信仰も世界各地に広がっている。人々の求めに応じて、乩手が赴くところどこでも扶鸞が行われ、扶鸞が行われれば神々は降臨する。やがて扶鸞の場を磁場として信者が集まり、宗教結社が生まれる。こうした現象は世界各地の華人社会で起きており、もちろん東京や大阪の在日中国人コミュニティにおいても例外ではない。

扶鸞結社の海外進出が始まったのは、清末から民国期にかけてである。当時、中国から台湾、香港、澳門、東南アジアなどへの移民が増加し、各地に華人のコミュニティが形成されていくにつれ、移民先で新しい扶鸞結社を設立しようとする動きが高まった。

その後、戦争を挟み、扶鸞結社の海外進出に第二の波が起きたのは、中華人民共和国成立後の一九五〇年代である。中国政府は扶鸞結社を反動的な宗教結社の一つと見なし、容赦ない取り締まりや弾圧を行った。そのため、多くの扶鸞結社が閉鎖、もしくは香港、台湾あるいは東南アジアなどへの移転を余儀なくされた。海外の華人社会に本拠を移した扶鸞結社は、それぞれの地で現地の文化に融け込みながら独自の発展を遂げ、現在もなお活動を続けているところが多い。

本章では、台湾や東南アジアの華人社会における扶鸞信仰の歴史と現状、そして最近中国本土に復活しつつある扶鸞信仰について取り上げてみたい。

1 台湾の扶鸞結社

一貫道と慈恵堂

台湾は、世界各地の華人社会の中でも扶鸞信仰が最も盛んなところであると言うことができるのではないだろうか。台湾で、寺廟や精進料理のレストランに行くと、必ずと言っていいほど、善行を勧める「善書」と呼ばれる無料の冊子やパンフレットの類が、山と積まれているのを見かける。試しに一冊手にとって中身を見てみれば、その多くが、扶鸞を介して諸仏神仙が降りて訓示する「鸞書」の形式をとっていることを知るだろう。台湾でこうした鸞書を盛んに刊行している主要な宗教勢力としてまず挙げられるのが、「一貫道《いっかんどう》」や「慈恵堂《じけいどう》」といった新興宗教教派、そして「鸞堂」と呼ばれる地域の扶鸞結社である。

一貫道は、清末から民国期を通して華北地域を中心に教勢を拡大した新興宗教教派の一つであり、同善社と並ぶ勢力を誇った。一貫道の源流については、先天道から分派したとも、金丹道、青蓮教、八卦教の流れをくむとも言われるように諸説ある。いずれにせよ無生老母《むしょうろうぼ》信仰の系譜をひく無極《むきょく》老母を主神とし、儒仏道の三教合一や「三期末劫」（天地の開闢《かいびゃく》から終焉までの間に巡ってくる三つの期間に、それぞれ大きな災劫が到来するとする説）の終末観を強調する点において、明清時代の羅教《らきょう》系民間宗教結社の流れをくむ教派であることは明らかである。

中華人民共和国成立後、一貫道は非合法な秘密結社と目され、取り締まりを恐れた幹部たちは台湾へ逃れた。一貫道は国民党政権下の台湾においても、依然として非合法組織と見なされたが、戦後台湾の基層社会にまたたくまに浸透した。現在では非合法集団のレッテルを外され、台湾でも最大の勢力を持つ宗教教団の一つに数えられている。

一貫道の扶鸞儀礼は、鸞壇（乩壇）を置くことを許された特別な仏堂で、限られた期間に、天才、地才、人才と呼ばれる特定の信徒たちによって執り行われる。天才が乩筆を持って沙盤上に文字を描き、人才がそれを読み上げ、地才が紙の上に記録する。乩筆を持つ天才は、天真爛漫な子供や二十歳以下の少女から選ばれ、養成される。

慈恵堂は瑶池金母《ようちきんぼ》（別名王母娘娘《ワンムーニャンニャン》）を主神とする新興宗教教派である。慈恵堂における瑶池金母崇拝は、道教の西王母信仰に由来し、一貫道と同様、羅教系宗教結社の無生老母信仰の系譜に連なる。一九四九年、花蓮《かれん》県に住む浙江省出身の霊媒に、瑶池金母が突然憑依するという出来事を契機として、近隣住民の信仰を集めるようになった。その後一九七〇年代初めまでに、台湾全土に百余りの分堂を擁するに至り、現在では二百か所以上の分堂と十万人以上の信徒を有する、大規模な教団組織となっている。

慈恵堂の扶鸞

慈恵堂の本堂や分堂には、それぞれ独自に養成した乩手がおり、扶鸞儀礼が行われている。一九九七年の夏、台北の中心部からバスで四十分ほどのところにある中和地区の慈恵堂を訪ねたことがあった。堂はバス通りから少し奥まった住宅街の一角に建つ、ごく普通の建物の中にあった。

中和慈恵堂の壇の内部には、前方中央に瑶池金母が祀られ、その右手に玉皇大帝、左手に孚祐帝《ふゆう》君、すなわち呂祖が祀られていた。ちょうどその日はこれから扶鸞儀礼を行うということで、青い丈長の中国服を着用した男性八人、女性四人ほどの信徒が、男女分かれて壇前に並んだ。彼らは「鸞生」と呼ばれる選ばれたメンバーである。

祭壇の手前の中央に、沙盤となるテーブルが置かれている。一人の鸞生が神咒《しんじゅ》を唱え始めると、女性の正乩手がテーブルの左横に立ち、右手でY字型の乩筆の一方の柄を握った。乩筆は桃の木で作られた短いものである。正乩手が目をつぶると、やがて乩筆が動き出し、盤の上に字を描き出す。それを唱鸞生が一字、一字読み上げる。発音は国語（北京語）である。唱鸞生が読み取れない時や間違えた時は、まわりの人が訂正する。私が訪れた日は三位の神仙の降壇があり、そのたびに拝礼が行われた。こうして午後八時過ぎに始まった扶鸞儀礼は、九時過ぎに終了した。

金曜日の午後十時からは、隔週で扶鸞によって降された教えを学ぶ共修会を行っている。まず主鸞生がその日に降りた乩文についての解説を行う。普段は台湾語を使っているというが、この日は私が参加したため、特別に国語を使って解説してくれた。内容は前日の台風による被害に関することが多かった。

慈恵堂の扶鸞儀礼（台南・南西慈恵堂、佐々木伸一氏撮影）

中和慈恵堂に所属している正乩手は女性が二人、男性が一人、そのうちの女性一人は小学校の先生ということであった。以前は「通霊」の能力を持つ鸞生がいて、個人の問事に神がかりして口頭で答える「指迷《しめい》」を行っていたという。台湾の鸞堂では、女性は乩手になれないとするところが多いのだが、慈恵堂では女性乩手は珍しくない。慈恵堂において女性乩手が認められているのは、慈恵堂が瑶池金母という女神を主神とし、また女性の堂主によって運営されている分堂があるなど、教団内部における女性の地位が比較的高いためではないかと考えられる。

鸞堂の活動と信仰

台湾には、一貫道や慈恵堂などの教派に属していない、地域の扶鸞結社も多い。こうした扶鸞結社は一般に「鸞堂」と呼ばれ、その多くは地域の廟などに付設され、近隣の住民のボランティアによって運営されている。活動は「勧世《かんせい》」＝教化（宣講と善書出版）と「済世《さいせい》」＝救済（開薬方、問事）を柱とし、その他、法会の開催や「収驚《しゅうきょう》」（治病儀礼の一種で、身体から抜け出てしまった魂を呼び戻す）などの簡単な法事を行っている。

鸞堂の信仰は地域によって、また創設者の宗教遍歴によって多様であるが、多くは、前章で述べた「三相代天宣化」の説話に由来する「恩主公《おんじゅこう》」信仰を基礎としている。恩主公信仰とは、天に代わって「宣化」する役目を担った神仙を三人ないし五人、「恩主公」と称して篤く奉祀するものである。恩主公とされる神々には、関聖帝君、呂祖、司命真君《しめいしんくん》（かまどの神）、岳飛《がくひ》、王霊官、玄天上帝《げんてんじょうてい》などがあり、三人の場合は三恩主、五人の場合は五恩主と称する。恩主公信仰に加えて、済公《さいこう》、瑶池金母、清水祖師《せいすいそし》、王爺《おうや》、媽祖《まそ》など、台湾で人気の高い神々や地方神の信仰も入り混じっている。

台湾の鸞堂の中には、「儒宗神教《じゅそうしんきょう》」というあまり聞きなれない教派名を掲げているところがある。これは、日本統治時代に台湾北部の鸞堂の設立に尽力した楊明機《ようめいき》（一八九九〜一九八五）という乩手が、当時仙壇、乩堂、鸞堂、聖堂、恩主堂などさまざまな名称で呼ばれていた扶鸞結社を、「儒宗神教法門」という名称で統合していくことを目的として提唱した名称で、戦後になって他地域の鸞堂にも普及した。「儒宗神教」の名称の由来となった、「以儒為宗、因神設教」（儒を以って宗《そう》と為し、神に因《よ》りて教を設《もう》く）という宗旨からも明らかなとおり、台湾の鸞堂は教義や儀礼面において儒教的色彩が強く、儒教を標榜しているところが少なくない。

澎湖島の鸞堂

一九九七年の夏休み、台湾に滞在していた私は、毎週のように上陸する台風の合間を縫うようにして澎湖島《ほうことう》に飛んだ。台湾で鸞堂が最も早く設立されたという、澎湖島の馬公《ばこう》市を訪ねるためだった。

馬公市は、現在人口五万人弱のこぢんまりとした漁業と観光の町だが、明清時代は軍港及び貿易港として栄え、中国本土との行き来も盛んであった。澎湖島初の鸞堂「普勧社《ふかんしゃ》」は、一八五三年、福建省泉州の「公善社《こうぜんしゃ》」という善堂で扶鸞を学んで帰郷した馬公の郷紳によって開設された。普勧社では関聖帝君を祀り、扶鸞による宣講を行った。普勧社はその後、「一新社」と改名して活動を続け、一新社で扶鸞を学んだ人々が、やがて澎湖島内及びその他の地区に扶鸞を伝えていった。現存する一新社では、今もなお不定期ではあるが、扶鸞や宣講などの活動が行われている。

　馬公市の古い鸞堂は、「甲頭廟《こうとうびょう》」と呼ばれる各地区（甲）の公的な廟に附設されているところが多い。廟の運営と鸞堂の運営は別々の組織によって運営されている。廟の運営組織である管理委員会のメンバーは、三、四年に一度、地域住民のみが参加資格を持つ信徒大会で筶《ポエ》によって選ばれる。一方、鸞堂組織は、扶鸞によって選ばれた「堂生」または「鸞生」と呼ばれる役職者によって運営されている。鸞堂組織のメンバーシップは地域住民に限らないが、実際には廟の管理委員と鸞堂組織の役職者は重複している。甲頭廟には、王爺や媽祖、玄天上帝など漁業と関わりの深い神々が主神として祀られ、鸞堂組織には、関帝を主席として三恩主、五恩主が祀られるのが一般的である。

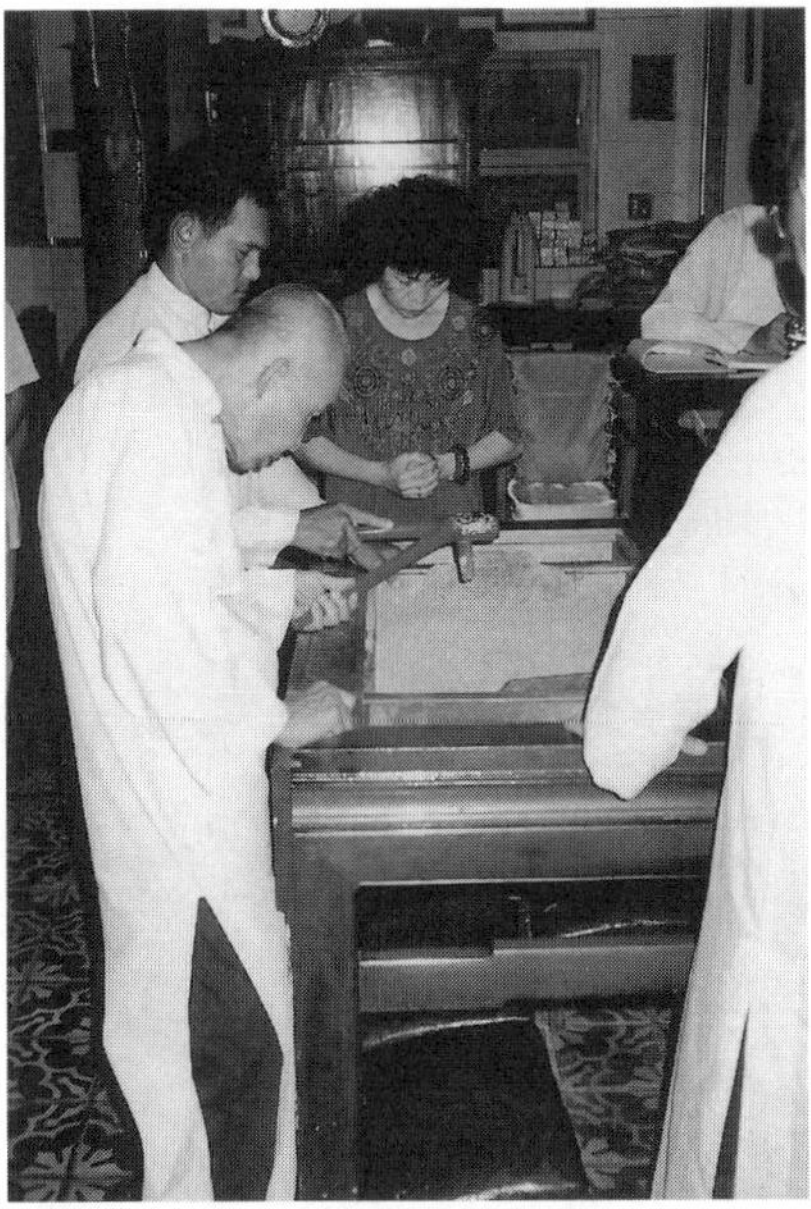

一新社の扶鸞儀礼（佐々木伸一氏撮影）

　その夏、私が訪ねた「海霊殿兼善《かいれいでんけんぜん》堂《どう》」も、こうした甲頭廟に附設された鸞堂組織である。海霊殿の設立は一八三七年、兼善堂が附設されたのはそれから約八十年後の一九一五年であった。海霊殿の主神は蘇府王爺《そふおうや》、兼善堂の主席は文衡聖帝《ぶんこうせいてい》（関帝）となっている。

兼善堂では、毎日夜七時から扶鸞を行っている。馬公市のほとんどの鸞堂は、旧暦七月は「鬼《き》節《せつ》」（鬼、すなわち祖先や無縁仏の霊魂がこの世にもどってくる季節）だからという理由で扶鸞を停止するが、ここでは七月も休みになることはない。時間前に行くと、堂にはすでに人が集まり始めていた。歩いて来る人も、自転車やバイクでやって来る人もいる。扶鸞が行われる前に、まず参加者全員でお経を詠唱する。男性は役職者らしく、黒い丈長の中国服をまとい最前列に並ぶ。女性はみな黒のブラウスに黒のスカートを着用しており、後方に並ぶ。

乩壇が設けられた内壇は、一般信徒が並ぶところよりも高くなっており、外からはよく見えないようになっているのだが、特別に許可をもらい、廟の二階の窓から見せてもらった。兼善堂の扶鸞儀礼には、善書刊行のための「著書」および宣講を目的とした「勧世」と、個人の治病や問事のために行われる「済世」の二種類がある。「勧世」の扶鸞儀礼は非常にものものしく、念咒、焼符など、扶鸞を行う前の準備を担当する「請鸞《せいらん》」二名、乩筆を握る「正鸞《せいらん》」と「副鸞《ふくらん》」が各一名、「鸞《らん》盤《ばん》」に書き出された文字を読み上げる「唱鸞《しょうらん》」一名、それを書き写す「録鸞《ろくらん》」二名の、計七名が配置につく。これらの人員はすべて男性である。乩筆は手で持つところが桃の木、先端の突起の部分が柳の木で作られたY字型のもので、正鸞と副鸞が二人で握る。鸞盤は帆布に海綿を入れたざぶとん様のものである。沙盤の場合、いちいち砂をならさなければならないので、その手間を省くためだという。

この日の正鸞は、王さんという六十代の男性だった。二十歳の時に扶鸞を始めたという。当時彼と同時に二十人以上が志願したが、筶で判定した結果、彼一人しか選ばれなかった。扶鸞の時、神が入ってくる感覚があるという。神が付身すると半醒半睡の状態になる。神が退く時、そばの人が正鸞の身体をしばらくおさえ、両肩を叩く。すると正鸞は眠りから醒めるように目を開ける。

海霊殿兼善堂の扶鸞儀礼（佐々木伸一氏撮影）

次に「済世」の扶鸞が行われるが、こちらはもっと簡略化されている。この日問事したのは九人だった。鬼節である七月を過ぎるともっと増えるらしい。依頼者が病気の場合は符が処方される。符は、柳枝の先端に朱砂をつけた筆をはさんで黄紙の上をなぞり、その上に印を押したものである。

「済世」が行われている間、退職教師のK先生が宣

兼善堂の「宣講」

講を行った。黒い丈長の中国服をはおったK先生が本を片手に講話する姿は、牧師さんがお説教をしているみたいである。聞き手は中高年の女性たちが多く、みなK先生の話にじっと耳を傾けていた。兼善堂では女性信徒は「信女」と呼ばれ、役職にはつくことはできない。

　数日して再び兼善堂を訪れた時は、「著書」のための扶鸞儀礼が行われていた。この時の扶鸞は現役中学教師という正鸞が担当した。一文字一文字鸞盤に書き出される鸞文は、注意深く記録され、校正を経て、一年に一冊善書の形で出版される。内容は、兼善堂の主席である関聖帝君や廟の主神である王爺などが降り、善報悪報の事例を語るという形式になっている。二十年以上前に発行された兼善堂発行の鸞書を見せてもらったが、韻文と散文で構成された文語体の鸞文は相当難解である。一方、最近発行された鸞書は、口語体に近い平易な表現が用いられ、イラストも加えられて親しみやすいものになっている。

澎湖地区の鸞堂の特徴としてまず挙げられるのは、地域の公的な廟に鸞堂が付設され、廟の活動と鸞堂の活動の調和が保たれ、互いに補完し合っている点であろう。廟は神々への祈願や祭祀の場を提供し、鸞堂は善書や宣講による教化という教育的機能をつかさどる。もっとも、両者が反発しあうケースがないわけではない。かつて澎湖地区のある廟で、「武壇」と呼ばれる廟側の童乩と、「文壇」と呼ばれる鸞堂側の乩手がそれぞれ「済世」を行っていたことがあり、時には文壇と武壇とで答えが違うという事態が起こった。両者は反目し、お互いに相手をインチキだといって非難した。廟、鸞堂の運営組織はこのいさかいをうまく処理することができず、結局文武両壇の済世を中止したという。

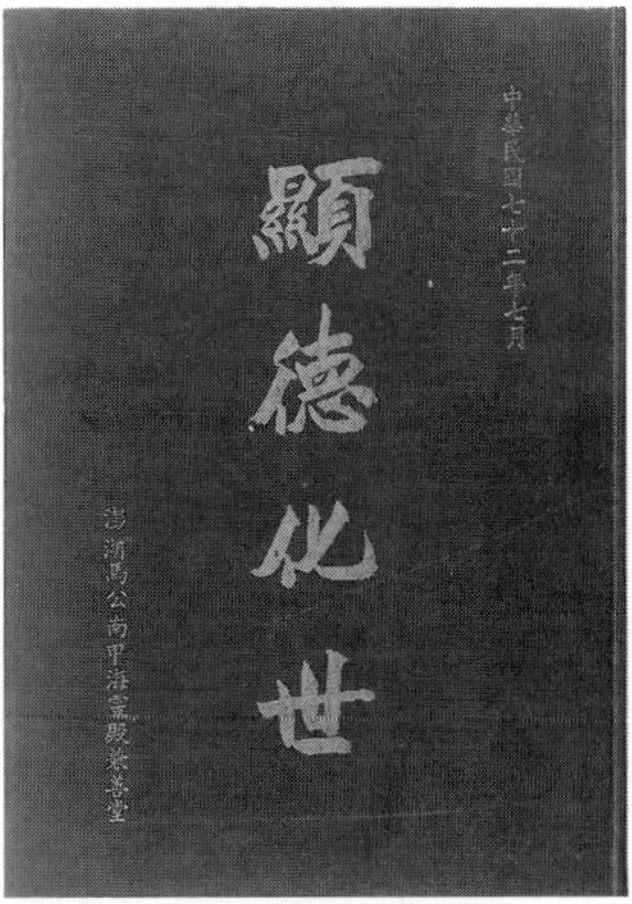

兼善堂発行の鸞書『顕徳化世』

もう一つの特徴は、鸞堂の信仰と王爺信仰とがうまく融合している点である。王爺は、もともと瘟《おん》神《しん》、すなわち疫病神である。台湾本土の鸞堂では、王爺は正統な神と見なされていないところが多く、扶鸞儀礼で降壇することも滅多にない。だが王爺信仰の盛んな澎湖地区では、王爺は鸞書でも重要な位置を占めており、他の神仙と同様に道徳的な教えを授けている。

台湾中部の鸞堂

台湾中部の台中《たいちゅう》県や彰化《しょうか》県、雲林《うんりん》県には、清末から日本統治時代にかけて設立された伝統的な鸞堂が多く、現在も活発な活動を続けている。この地域における鸞堂の歴史は、一八九一年、彰化県石岡郷《せきこうごう》に設立された鸞堂「講道堂」を以て嚆矢とする。講道堂では、福建省漳州《しょうしゅう》から迎えた関聖帝君が祀られ、扶鸞や宣講が行われた。

清末から日本統治時代にかけては、台湾史において最も多くの鸞堂が生まれた時期である。日本統治時代初期、鸞堂運動を推進する大きな原動力となったのは、阿片中毒の治療を目的とした戒煙《かいえん》運動であった。この頃新竹《しんちく》一帯では、広東から伝えられた「扶鸞戒煙」の法が大流行し、これを行う鸞堂が次々と出現していた。彰化県の講道堂でも、そうした風潮を受け、新竹の鸞堂に祀られた三恩主を迎え、扶鸞戒煙を行うようになった。一九〇一年、講道堂の扶鸞戒煙の評判を聞きつけた彰化県永靖《えいせい》村の紳士たちが講道堂を訪れ、神霊の香灰を持ち帰り、「広善堂」という鸞堂を設立した。現在、この地域で最も歴史ある鸞堂の一つである彰化県埔心郷《ほしんごう》の「三興堂《さんこうどう》」は、この広善堂を前身としている。その後、三興堂の流れを汲む鸞堂は台中、雲林《うんりん》、南投《なんとう》、さらには台南にまで広がっていった。私が訪れた雲林県斗南《となん》の「賛天宮感化堂《さんてんきゅうかんかどう》」もその一つである。

賛天宮感化堂は、斗南駅からタクシーで十分ほどの石亀里《せききり》という小さな村にあった。村の規模にはそぐわないほど壮麗な三層の廟宇の内部には、関帝、孚佑帝君（呂祖）、司命真君、豁落霊官《かつらくれいかん》王天君（王霊官）、精忠武穆《ぶぼく》王（岳飛）の五聖恩主をはじめとして、多くの神々が祀られていた。

応対してくれた年配の信徒たちは、みな日本語が上手だった。その日、私は感化堂に泊めてもらい、いろいろな話を聞かせてもらった。感化堂は一九三一年、石亀里の地主葉清河《しょうせいが》の提唱によって創立されたという。当時葉夫妻は嫁入り前の愛娘を病で失い、悲嘆に暮れた妻は、隣の彰化県の「慎化堂《しんかどう》」という鸞堂に救いを求めた。葉もその感化を受け、石亀里に鸞堂を創立することを決意し、慎化堂で扶鸞を学び始めた。翌年、慎化堂を母堂として、新たに堂を開くための「分香《ぶんこう》」の儀礼を執り行い、葉清河が提供した土地に「感化堂」を設立した。それからしばらくの間、鸞堂の活動は順調に行われていたが、日本政府の皇民化政策が強化された一九三八年から終戦までの期間、活動停止を余儀なくされた。

斗南の賛天宮感化堂

一九四五年、日本の台湾統治に終止符が打たれるやいなや、感化堂は他の多くの鸞堂と同様、いち早く活動を再開した。一九七〇年には善書出版事業を促進するため、明道《めいどう》雑誌社を堂内に設立した。また一九八〇年代後半には、台

感化堂の沙盤と乩筆。乩筆に線香を立てかけ、符を燃やして清める

北にほど近い三重市《さんちょう》に分堂を開設した。

現在、感化堂では旧暦で三、六、九のつく日に扶鸞が行われている。私が訪れた日はその一つに当たっていたので、夜七時から行われた扶鸞の様子を見学させてもらった。参加者はほとんどが村の人たちで、女性は四十人ほど、男性は十人ほどであった。男女ともに中高年層が多数を占めていた。堂の幹部によると、若い人たちがあまり参加したがらないのが悩みの種なのだという。

まず「請神《せいしん》」儀礼が行われ、その後八時過ぎから宣講が始まった。男性一人が黒板に書かれた七言絶句の鸞文を台湾語で解説していく。数日前に降示された鸞文らしい。聞き手は馬公市の兼善堂と同様、女性が圧倒的に多い。

宣講が終わると、扶鸞儀礼が行われる。まず、信徒たちは香をささげ、三跪九拝を行う。符を燃やして、桃の木で作られた乩筆を清める。乩筆はY字型の太いもので、正乩手と副乩手の二人で支える。正乩手は建築業で生計をたてている五十五歳の男性である。正乩手はときどき大きく息を吐き、身体を少しずつ動かす。やがて身体が小刻みに震え始める。乩筆が沙盤を叩くように文字を書いていく。円を書いたり、叩き付けたりしながら、一字一字書き、左隣の唱字生が読み上げ、五人の筆録生（男性三人、女性二人）が書き取る。まとまった文章になるまでには一時間以上かかった。

熱気のこもる廟の中で、乩手は汗だくである。感化堂の乩筆は重いので、かなり体力を要するようだった。感化堂では、こうして扶鸞で降示された鸞文を『感化聖藻《かんかせいそう》』という冊子にまとめて信者に配布したり、隔月刊の冊子『明道』に掲載し、各地の信者に郵送している。

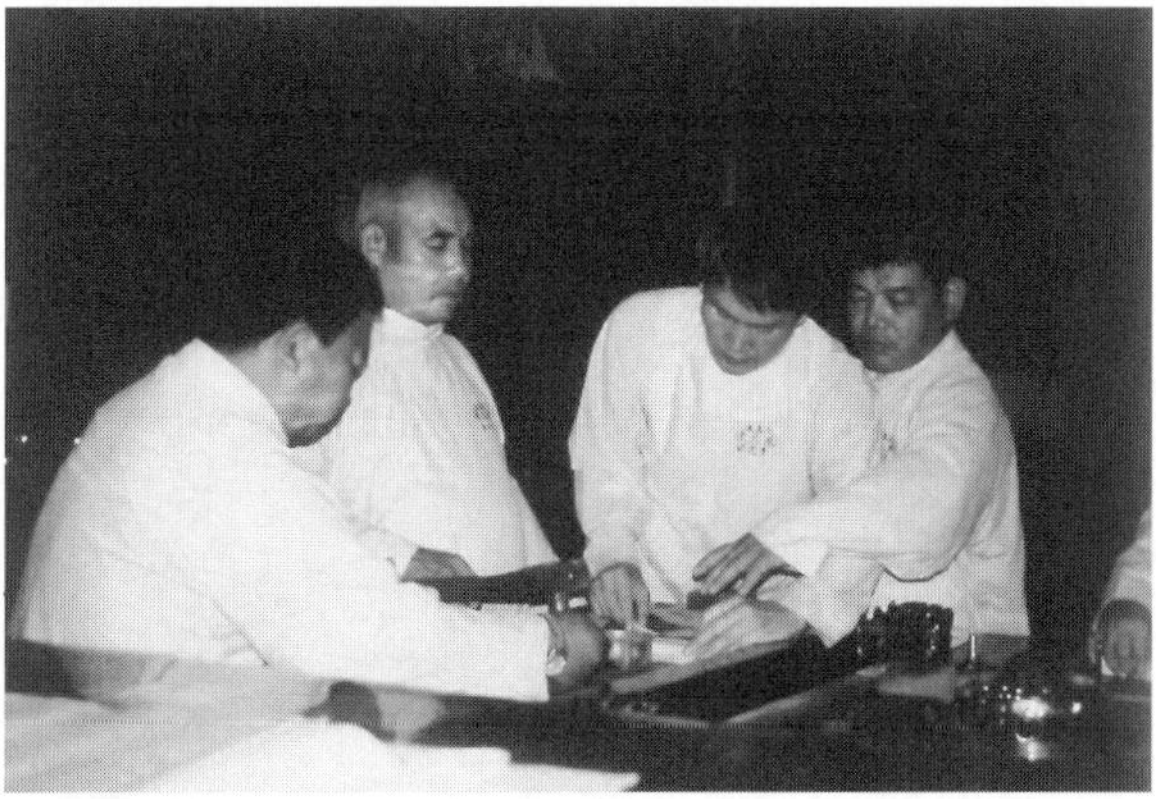

感化堂の扶鸞儀礼

明道雑誌社が発行する冊子『明道』

台中の都市型鸞堂

以上に取り上げた海霊殿兼善堂と賛天宮感化堂は、いずれも鸞堂の位置する地区や村といった基層のコミュニティの住民を主なメンバーとし、彼らのボランティアによって運営されている、いわばコミュニティ密着型というべき鸞堂である。鸞堂が付設された廟は、多くの場合、その地域の公的な廟の一つに数えられている

これに対して、都市部の鸞堂は、地域の地縁結合やその宗教活動とはまったく関係なく存立しているところが多い。これら都市部の鸞堂は、高度経済成長の始まった一九六〇年代以降、農村から都市へ移り住んだ人々を対象に、多くの信者を獲得するようになってきた。都市型鸞堂の信徒は近隣の住民とは限らず、かなり離れた地域から車でやってくる人もいる。信徒の居住地がばらばらであるため、活動はだいたい週末に行われる。また、多角的な活動と大量の出版物で、知名度を高めようとする傾向が強い。

こうした都市型鸞堂の一例として、台中市にある「武廟《ぶびょう》明正堂《めいせいどう》」を訪ねてみよう。

武廟明正堂では、毎週土曜日・日曜日と、旧暦の一日と十五日に扶鸞や誦経の儀礼を行っている。他県に散らばる信者たちは、毎週土曜日に車でやってきて、堂に一泊して活動に参加する。土曜日の夕方、精進食をとったメンバーは、七時頃から一階のホールに集まってくる。四、五十人のメンバーは中高年が多いが、若い男女の姿も四、五人混じっている。

武廟明正堂の扶鸞儀礼

正鸞生が礼拝し、扶鸞が開始される。乩筆はY字型で比較的細く軽い。正鸞生は一人でY字型の筆の柄の部分を両手で握る。正鸞生は五十五歳、台中中国医薬学院を卒業し、薬剤師をしばらくやった後、国民中学で物理と化学を教えていたという。正鸞生は速い速度で砂の上に一字一字書いていく。一筆書きのような感じである。ときどき唱鸞生が沙盤に砂をかける。一つのセンテンスが終わると、唱鸞生が北京語で宣読する。神が降りると、唱鸞生が「〇〇（神の名）が登台された」と高らかに宣言し、一同は跪いて礼拝する。

明正堂では、「霊療《れいりょう》」という扶鸞による治病儀礼が行われている。私が訪れた日は、足のあざが痛むので治してもらいたいという女性や、松葉杖をついた若い男性など、五人の希望者がいた。時間になると、さきほどの礼拝の時の正鸞生とは別

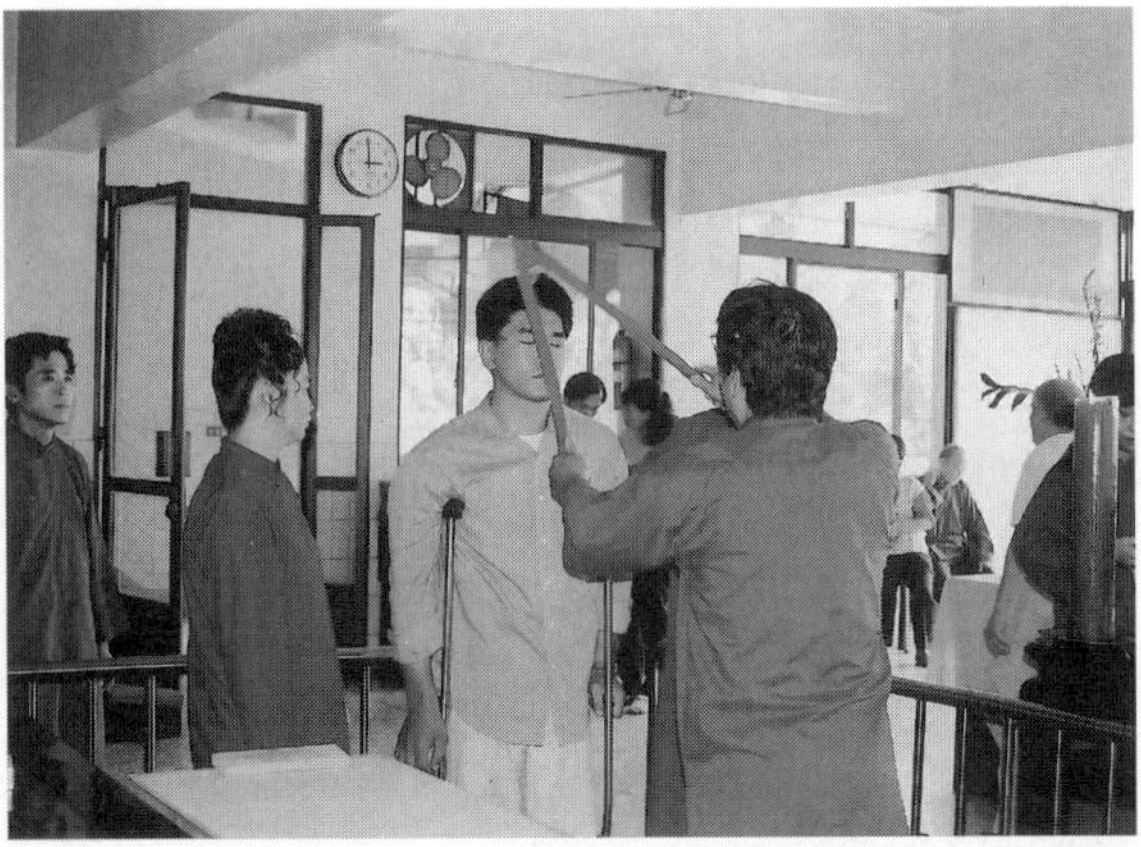

武廟明正堂の「霊療」儀礼

の鸞生が現れる。鸞生はさきほどの乩筆よりも太く長い乩筆を両手で高く持ち上げたまま、身体全体をぶるぶる震わせ始める。名前を呼ばれた依頼者は、祭壇の前の囲いの中に入り、鸞生の横に立つ。鸞生は乩筆で、依頼者の頭、肩、腕、胸、腹などを押さえていく。肩こりがひどい私は、肩と背中に「霊療」を施してもらったが、気のせいか、その後しばらく肩が軽くなったような気がした。

　このほか、明正堂には「無極《むきょく》証道院《しょうどういん》」というユニークな祖先供養の制度がある。これは祖先の「禄位《ろくい》」(位牌)を一定期間堂内（本堂に付設した建物の三階)に安置し、子孫が積んだ功徳の量が一定に達すると、祖先は無極証道院を卒業して神や仏に昇格し、天界の行政府のポストを得るというシステムである。天界に上がると、位牌も「禄位」から「神位」「仏位」と呼ばれる位牌に変え、階上に安置される。「禄位」の登録料はだいたい五千台湾元、このほかに位牌を作る費用が千元かかる。禄位が安置されている期間は、死者の修行期間と見なされており、この間に経や扶鸞の教えを受けたり、子孫からの功徳を受けたりする。神や仏に昇格するまでにかかる修行期間は八年から十二年で、死者の生前の行いや子孫の積む功徳の量によって、早くなったり、遅くなったりする。春秋の法会の際に「考核《こうかく》」すなわち審査があり、これによって、天界にいつ上がってもよいか、また天界でどのような位につくかが査定される。功徳の量とは、はっきり言ってしまえば、明正堂へのお布施の額のことである。いささかビジネスライクに過ぎる祖先供養システムとも言えるが、一般の廟や寺で行われている祖先供養の場合、いくら供養料を出しても、本当に祖先が供養され、成仏（成神）したのかを知る手立てはない。その点、明正堂の無極証道院は、位牌を置く期間を修行期間と位置づけ、子孫がたくさんの功徳を積めば（つまり、多額のお布施をすれば）、祖先は確実に天界へと昇格し、天界のポストを得ることが保障されている。子孫が安心して供養料を払うことができるという点では、合理的なシステムかもしれない。

武廟明正堂の無極証道院

鸞堂のニューウエーブ「高雄文化院」

新興都市型鸞堂の中でも、ひときわ派手な活動で注目を集めている鸞堂として、高雄《たかお》市内にある「高雄文化院」がある。創立者のS氏は、一九六一年、高雄市前鎮区の天后宮《てんこうきゅう》に附設された「至炎《しえん》堂《どう》」という鸞堂で扶鸞を学んだという人物で、何人かの仲間とともに、高雄市新興区の清水祖師を祀る廟に、「集善堂」という鸞堂を開設した。一九六四年、集善堂は「文化院」と改名し、信者やS氏の自宅で活動を行うようになった。やがて、女性信徒より現在文化院のある土地家屋一式を譲渡され、一九七四年に現在の文化院総院を建設した。主神は清水祖師、陪神として関聖帝君、文昌帝君、嶽山《がくざん》古老仏、観音大士、玉皇大帝、孔子などを祀っている。

高雄文化院の組織は、宗教研究部、伝道部、祭典部、総務部、慈善会、出版社に分かれ、それぞれ専従職員を置いている。このほか誦経団と国楽団があり、法会の際の誦経や儀礼音楽を担当する。主な活動には、扶鸞（済世、教学、著書）のほか、収驚や神誕など各種の法事がある。高雄文化院が擁する三つの出版社からは、おびただしい種類の善書や各種パンフレットが刊行され、台湾全土および海外に配布されている。対外交流活動も盛んで、一九九三年より、台湾各地の鸞堂を団体会員とする鸞堂の連合組織「中国聖賢研究会」を結成し、鸞堂間の交流を深めるために討論会を開いたり、中国本土の道教学者と交流したりしている。

私が見学させてもらった扶鸞儀礼は、地下の予備校の教室のようなところで行われた。正面の壁

高雄文化院の扶鸞儀礼

に大きな黒板があり、その手前に演台、さらに演台に向かって机と椅子が並んでいる。扶鸞は演台の上に置かれた沙盤の上で、聴衆に向かいあう形で行われる。扶鸞を担当する六部人員、すなわち正鸞生、副鸞生、正唱鸞生、副唱鸞生、正紀録生、副紀録生と、儀礼進行役の司儀《しぎ》が所定の位置につく。このうち正・副唱鸞生は、初老の女性であった。正鸞生が黒板を背にして、聴衆に向かって左側に立ち、Y字型の乩筆の一方の柄を握る。副鸞生が右側に立ち、乩筆のもう一方の柄を支える。沙盤の上に置いた乩筆に火をともした線香がたてかけられると、一同は文化院オリジナルの「鸞歌」と「讃頌《さんしょう》礼歌」を歌う。文化院では、普通の鸞堂ならば神々の経典を詠唱したり、呪文を唱えたりする場面で、文化院オリジナルの聖歌を歌うのである。聖歌は普通の童謡みたいなメロディーで、あまり厳かな感じはしない。

正鸞生は乩筆が動き出すまでのかなり長い間、目を閉じたままじっとしている。ときどき、うなずくように首をゆっくり縦にふったり、おくびを出したりする。右腕がぴくぴく痙攣するとまもなく、急に筆先が上に持ち上がり、沙盤の上をとんとんと叩き、やがて字を描き始める。それを正唱鸞生が一字一字読み上げ、正紀録生、副紀録生が紙と黒板に書き取っていく。新しい神が降りるたびに、司儀の合図で、一同起立しておじぎをする。降壇する神様は非常に多いので、毎回立ち上がっておじぎをしていると、腰が痛くなってくる。扶鸞を終えるときは、司儀が「退《トゥイ》！」と掛け声をかける。すると正鸞生は眠りからさめたように、目をぱちぱちさせる。

扶鸞が終わると宣講が行われる。黒板に書かれた鸞文を、司儀が北京語で解説する。だいたい三十分ほど解説した後、正鸞生は「収筆《ショウビィ》」と言って鸞筆をしまう。それからまた聖歌である。一同は聖歌集の中の「快楽《かいらく》之頌《のしょう》」を唱う。

創立者のS氏は、高雄市の天后廟や清水祖師廟に付設された伝統的な鸞堂で扶鸞を学んだが、伝統的な鸞堂の一乩手にとどまるには、あまりにも強いカリスマと旺盛な事業意欲の持ち主だった。創立以来、文化院は台湾の鸞堂界に新風を巻き起こしている。「中国聖賢研究会」という鸞堂の連合組織を作り、対外的な活動を積極的に進めていく動きも、従来の伝統的鸞堂にはあまり見られなかったものである。文化院の各種の試みが今後どう展開していくのかが注目される。

鸞書のベストセラー『地獄遊記』

台湾の鸞堂調査でまず驚かされたのは、鸞書の刊行が今もなお盛んなことだった。香港では、古文を読みこなせる人たちが減ってきているためか、あるいは定期的に扶鸞を行う扶鸞結社が減ってきているためか、ここ数十年来、新しく発行される鸞書は数えるほどである。香港の有力道教教団の一つ、青松観では、一九五〇年代まで呂祖の乩示をまとめた冊子を作成していたが、強いカリスマを持った乩手が亡くなってからは作成されていない。

台湾で現在もなお鸞書刊行が盛んなのは、植民地体制下で英語教育に重点が置かれてきた香港と比べ、国語教育や古典教育がしっかり行われてきたせいかもしれない。とはいっても、現代台湾人にとって、詩詞と古文で構成された伝統的な鸞書がとっつきにくいものであることには変わりない。このため、新興の都市型鸞堂が次々と生まれた一九七〇年代以降、白話（口語）文を用いた比較的読みやすい鸞書が刊行されるようになってきた。

一九七六年、台中の新興鸞堂「聖賢堂」の善書出版社が『地獄遊記』という鸞書を刊行し、鸞書のニューウェーブとして注目を浴びた。『地獄遊記』は、済公活仏が聖賢堂の楊生《ようせい》という乩手を弟子として従え、地獄の十殿を次々と巡る地獄案内記であり、「対話」と「遊記」（旅行記）形式を組み合わせたユニークなスタイルをとっている。中国の白話小説でおなじみの「章回」形式（回数を分けて記述する形式）で語られるストーリーは、傍若無人な済公と臆病者の楊生の、テンポのよいかけあい漫才のような対話で進められ、要所要所に地獄の情景や悪行をいさめる教訓が盛り込まれている。

たとえば『地獄遊記』第五回では、楊生は済公が化けた蓮台《れんだい》に乗って地獄の第一殿を訪ねる。

楊生：ここはどこですか。前方に大きな宮殿が見えます。人影のようなものが見えますが、よくわかりません。
済公：ここは「冥界第一殿」だ。我々はこれからすぐに冥王に会見するぞ。
秦広王《しんこうおう》：ようこそ、済公活仏および聖賢堂聖筆楊善生《ようぜんせい》殿。
楊生：初めまして、秦広王。今日は済仏に連れられて貴殿にお邪魔いたしました。ご無礼の儀はお許しください。
秦広王：遠慮することはない。私について宮殿に入られよ。接客室で話そう。今将軍に仙茶を持って来させよう。
将軍：遵命《ソンミン》（かしこまりました）！
秦広王：済仏殿、楊生殿、仙茶を飲まれよ。
済公：楊生、何をためらっておるのだ。早く飲め。何でもないから。
楊生：私は怖くて飲めません。聞くところによると、もし凡人が地府に行って、飲んだり食べたりしたら、帰れなくなってしまうそうじゃありませんか。みなさんはどうぞお飲みになってください。

秦広王：楊生殿。巷《ちまた》で陽人は陰物を食してはいけないというのは、あれは凡人の言うことだ。陰界と陽界にはそれぞれ主《あるじ》がいる。当然行ったり来たりしてはいけない。しかしあなたは玉帝（玉皇大帝のこと）の旨を奉ってやってきた。いわば貴賓の身分で、しかも済仏殿の導きで来られたのだ。どうして陽界にもどれないことがあろうか。

『地獄遊記』

遊記形式の鸞書は、民国初年に雲南の鸞堂で作成された『洞冥宝記《どうめいほうき》』や『蟠桃宴記《ばんとうえんき》』をはじめとして、それまでまったくなかったわけではないが、ユーモアあふれる文体と現代的な要素を盛り込んだ内容には、これまでの鸞書にはない新しさがあった。

『地獄遊記』のスタイルは当時一世を風靡し、以後同じような形式の鸞書が続々と登場した。聖賢堂でも、『地獄遊記』に続いて済公と楊生のコンビによる『天堂遊記』と『人間遊記《じんかんゆうき》』を刊行した。だがいずれも『地獄遊記』ほどのベストセラーにはならなかった。人は概して、天国よりも地獄のほうを覗いてみたいものなのだろう。

人気の『地獄遊記』は各地でコピーが作られ、今や台湾だけでなく香港や東南アジアにまで大量に流通している。善書の場合、印刷して配ればそれだけで「功徳無量」なのだから、著作権などというものはまったく問題にならないらしい。『地獄遊記』は鸞堂のウェブサイトでも閲覧できる。ちなみに日本語訳も複数刊行されている。

宣講の役割

台湾の鸞堂の調査でもう一つ印象的だったのは、香港ではほとんど廃れてしまった「宣講」が、現在でもよく維持されているということだった。かつて公的な学校教育が普及していなかった時代、宣講は文字の読めない老人や女性、子供たちに対して、扶鸞で示された神々の教えを平易に説いて聞かせる場であった。戦前、中国の華北地方の農村で民俗調査を行った民俗学者直江広治によれば、少し大きな市鎮には必ず常設の宣講所があり、村の有識者が文字の素養のない村人を集めて、善書の宣講を行っていたという。また善書の文言に節をつけ、唱道して歩く漂泊の「善書語り」もいた。直江は、中国で文字の素養のない者が大部分を占めながらも、村落社会が道徳的、法的に秩序正しく維持されてきたのは、この宣講によるところが大きいと指摘している。

かつて「善書語り」の芸人がいたように、宣講には娯楽としての側面がある。宣講者は、乩示の内容、特にその道理についてわかりやすく説明するとともに、因果応報の実例として、善報悪報の故事を語って聞かせる。語り手は、この故事をいかにおもしろく語って聞かせるかに腐心する。ある鸞堂の堂主によれば、宣講者は語り上手な人でなければだめだという。巷には善報悪報の故事集なるものも出回っているので、そうした本を参考にすることもあるが、身近な人の例や、現代的な話も付け加えなければ誰も聞いてくれない。その点、学校の先生は話がおもしろいので宣講者に向いているそうだ。確かに私が出会った宣講者には、地元の学校の現役・退職教師が多かった。

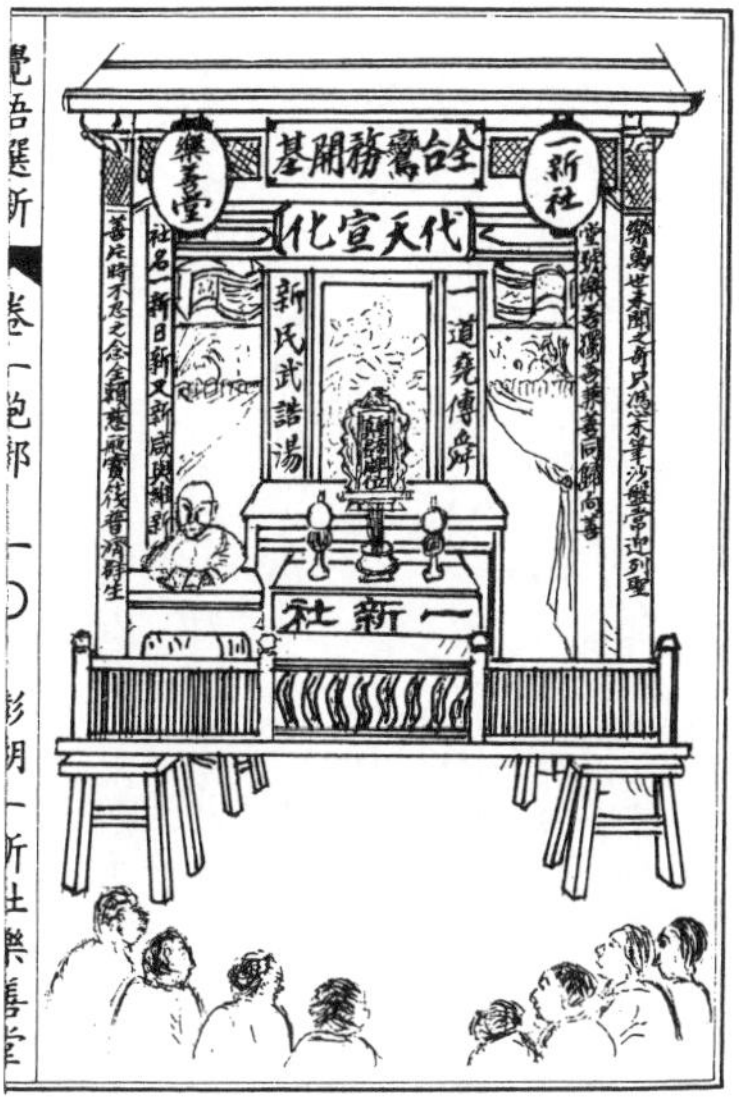

「宣講」の図（一新社発行の善書『覚悟選新』より）

現役もしくは元教師が多いという点では、乩手も同様である。かつて伝統社会において、村の私塾や書房の教師がしばしば乩手や宣講生を務めたように、地域の最も身近な知識人である初等教育の教師が、地域の倫理道徳教育の一端を担うという構図が、台湾農村部では現在も維持されているのである。

都市型鸞堂の宣講は、信徒の中核を占

めるサラリーマンや中小企業のオーナー、教員など幅広い層を対象としている。内容も素朴な因果応報譚ではなく、中国先賢の優れた教えのエッセンスを伝えることをねらいとするものが多く、高学歴の参加者にもおおむね好評である。ある都市型鸞堂で出会った女性教師は、これまで善書や中国の古典を読む機会がなかったが、鸞堂に来るようになって初めて聖賢の教えや神秘思想に触れ、新鮮に感じたと語っていた。また少なからぬ信者たちが、近年子供たちの道徳心の欠如が目立つのは、道教経典や善書に書かれた中国の優れた教えに接触する機会が減ってしまったためだと嘆いていた。扶鸞による宣講や善書は、こうした台湾の一般大衆の素朴な善意と信仰、そして中国人としての誇りに支えられて、現在もなお生き続けていると言えよう。

2 東南アジアの扶鸞結社

扶鸞は、中国人移民とともに東南アジアへも伝播した。その後現地の文化と融合し、独自の形態を生み出しているところもあれば、伝統的な型を保持し続けているところもある。

徳教が伝えた扶鸞

「徳教《とくきょう》」は、一九三九年に広東省潮州地方において創始され、戦後華僑によって香港や東南アジアに伝えられ、発展した民間宗教教団である。創立当初の徳教は、呂祖を奉じて扶鸞を行い、民衆の救済と教化に力を注ぐ伝統的な善堂として出発した。中華人民共和国の成立後は、大陸での活動が困難になったため、香港、タイ、マレー半島などに拠点を移し、それぞれの地で独自の発展を遂げた。徳教の東南アジア進出と展開は、徳教の信者層の主流をなす潮州商人の東南アジア諸国における勢力範囲やネットワーク形成と大きく関わっている。以下、吉原和男氏がまとめておられる徳教の歴史と最近の動向についての論文（「徳教の多国籍化とネットワーキング」他）を参照しながら、徳教の拡大によって扶鸞が東南アジア各地に伝えられていく経緯をたどってみたい。

徳教の布教は、一九四〇年代前半までは、潮州の代表的貿易港である汕頭《スワトウ》や潮陽《ちょうよう》、潮安《ちょうあん》県一帯にとどまっていたが、中国共産党が政権を取った一九四九年頃から、信者の移住とともに香港、マレー半島、タイへと展開していく。こうした海外布教に尽力したのが、潮陽県の馬貴徳《ばきとく》と潮安県の李懐徳《りかいとく》という二人の貿易商人であった。一九四六年、潮州地方の徳教系乩壇が合同で催した扶鸞儀礼の際、扶鸞の道具である柳枝が二つに裂けるという事件が起きた。信者たちは、これを馬氏が香港への布教を、李氏がベトナム、マレー半島への布教を担うという意味に解釈した。その後香港では、馬氏の開いた徳教組織「紫清閣《しせいかく》」の香火を継承して、多くの徳教組織が新設された。

一方マレー半島では、李氏とその友人三人が協力して、シンガポールに開いた「紫新閣《ししんかく》」から、乩示に従ってジョホール、ペナン、クアラルンプールなどに九組織が次々と設立され、一九五七年には南洋徳教総会が結成された。一九五〇年代に入ると、李氏の紫新閣とは異なる系統の徳教組織も次々と出現した。現在マレーシアとシンガポールの徳教組織は、そのほとんどが、マレーシア徳教聯合総会、シンガポール徳教会、徳教聯誼会に加入している。ちなみに、マレーシアの徳教聯合総会には、一九九九年現在、八十八組織が加入しているという。

マレー、シンガポール地域に伝えられた徳教は、老子、孔子、釈迦、イエス・キリスト、マホメットの五大教祖像を掲げ、年間行事の中にも、マホメットとキリストの生誕日が加えられるようになった。これはイスラム教徒やキリスト教徒の多い現地の他民族との摩擦が生じることを避けるためであった。徳教教義におけるこうした変化は、やがて香港やタイの徳教にも伝えられていった。

タイの徳教組織は、一九九〇年代中期で四十七団体あり、多くは仏教団体、慈善団体として認可されている。タイの徳教は、仏教を国教とするタイ社会に融合するため、仏教色を強く打ち出しているところが多い。信者のほとんどは潮州系華人である。彼らはタイ語を話し、タイ名も持っているが、中国人としてのエスニック・アイデンティティを維持し続けている。

徳教の扶鸞儀礼は、Y字型の柳の木で作られた乩筆を支える「正乩掌《せいけいしょう》」と「副乩掌」、沙盤の上に書かれた文字を読解し読み上げる「報諭《ほうゆ》」、それを記録する「録諭」さらにその補佐役の計五名で行われる。香港の徳教の扶鸞を観察した吉原氏によれば、正乩掌はトランス状態に入り、時には昏倒しかかるほどの深い忘我状態を示すことが報告されている。私が香港で観察した呂祖道壇の扶鸞儀礼は、T字型の乩筆を一人で支え、ほとんど覚醒した状態で行う形態がほとんどであった。徳教の扶鸞儀礼は、どちらかと言えば、目を閉じたり、身体が震えたりといった深いトランス状態にあることを示す台湾鸞堂の扶鸞の形態に近い。

一九八九年から、タイ、マレーシア、シンガポール、香港の徳教組織は、合同で三年ごとに「徳教環球大会鸞《かんきゅうだいかいらん》」という催しを行っている。これは徳教の信徒が全世界から集まって扶鸞を行うという主旨で開かれる行事で、その中には、扶鸞を担当する「乩掌」たちが集まって意見を交換する懇談会の日程も含まれているという。そこでは、乩掌の伝えるお告げは人事面にも及ぶため、乩掌の倫理をどう確立するのか、また不足する乩掌をいかに養成・訓練していくか、といった問題が話し合われる。

中でも興味深いのは、こうした大会を通して徳教のネットワークを強化し、さらに中国大陸における中華民族の原点へ回帰することをもくろむ「中原尋源《じんげん》工作」という動きが起こっていることである。乩示では、中国大陸で扶鸞儀礼を行うことが、再三にわたって指示されているという。今後、徳教は中国大陸で扶鸞を行い、そのネットワークを拡大していくことができるのだろうか。海外華人社会に広がった扶鸞結社のさらなる展開という点で、注目すべき問題の一つである。

フィリピンの扶鸞

フィリピンでも、華人の設立した道教系の廟で扶鸞が行われていることが報告されている。佐々木宏幹氏が調査した、フィリピン・マニラ市の「金鸞御苑《きんらんぎょえん》」という廟では、毎週月曜日と水曜日の夜、定期的に扶鸞が行われている。正鸞と副鸞の二人でY字型の乩筆を支える。正鸞を務めるのは童乩の役割も果たせる男性霊媒である。扶鸞が始まる前に黄符を燃やす。乩盤上には米粉が敷かれており、この上に文字を書いていく。唱録生がそれらの文字を一字一字読み上げ、記録生がそれを記録していく。佐々木氏の観察によれば、乩筆が動き出すとき、正鸞の顔は紅潮し、全身がこわばり、童乩の憑依状態とよく似た状態になるという。

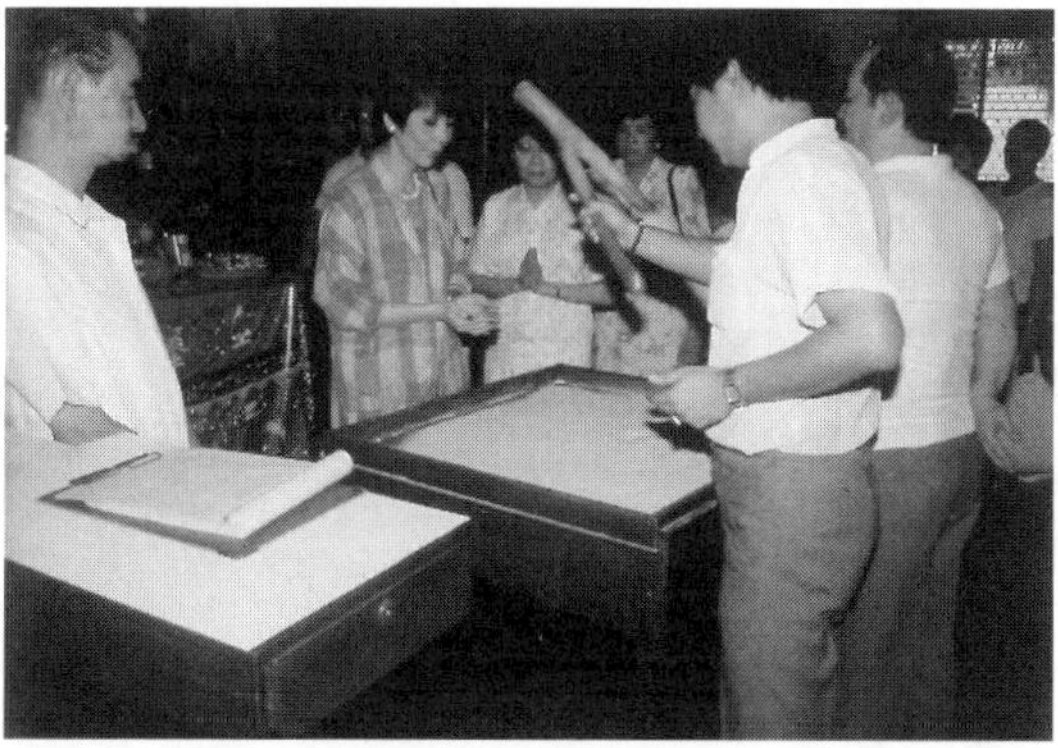

マニラの金鸞御苑の扶鸞儀礼（佐々木宏幹氏撮影）

フィリピン華人には福建省出身者が多い。したがって金鸞御苑の扶鸞の方法も、おそらく福建から伝えられたのだろうと思われる。フィリピンの扶鸞が、正鸞のトランス状態という点から見て、台湾の鸞堂の扶鸞を彷彿とさせるのは、やはり同じ福建系のシャーマニズム文化を継承しているからであろう。

金鸞御苑の主神は金母娘娘《チンムーニャンニャン》、すなわち台湾の慈恵堂の信奉する瑶池金母のことである。祭壇の最上段には金母娘娘の陪神として、王天君祖師、太乙《たいいつ》真人、二段め、三段めには哪吒《なた》三太子、黎山《れいざん》老母、梨花仙姑《りかせんこ》、呂純陽（呂祖）、済公活仏、関聖帝君など、華人の廟ではおなじみの神像が祀られている。このほか、フィリピンでカトリック教徒が信仰するサント・ニーニョ（幼きイエス）像も二体置かれている。
　佐々木氏は、マニラ華人社会の扶鸞は、華人が圧倒的多数を占めるシンガポールや台湾の童乩に比べて、洗練された印象を与えると述べている。シンガポールや台湾では霊媒が上半身裸体になったり、荒々しいトランスを示すことが多いが、マニラでは、霊媒は白のユニフォームを身に着け、トランスも激しくない。フィリピンにおいて、華人は人口の一パーセントを占めるに過ぎないマイノリティであり、カトリック信者の華人も多い。佐々木氏は、マニラ華人社会が置かれた社会―宗教―政治的状況の中では、洗練された印象を与える扶鸞のほうが、荒々しい童乩に比べて受け入れられやすいのだろうと分析している。海外華人社会に伝播した扶鸞の現状を追っていく際、ホスト社会の宗教文化とどれほど融合しているのかという点も、興味深い問題の一つである。

ベトナム・カオダイ教の自動筆記

　一九二六年、フランス植民地体制下のベトナムにおいて創始された「カオダイ教」は、眼《ニャン》点《ティエン》眼《ニャン》という巨大な眼で象徴される「高台《カオダイ》」を主神とし、儒教、仏教、道教、キリスト教、イスラム教など、外来宗教の教義や形式を取り込んだ新興宗教教団である。カオダイ教の沿革は、一九二〇年にコーチシナ政庁の下級官吏が少年の霊媒を通して得た啓示から始まったことからも示されるとおり、霊媒の神託が大きな役割を果たしている。カオダイ教の霊媒信仰は、十九世紀フランスのスピリチュアリズムの影響を受けたものだとする説もかつてはあったが、カオダイ教の信仰対象には、玉皇大帝、関帝、太上老君、李太白など道教神仙が重要な位置を占めている点から見ても、中国の道教や民間宗教に強い影響を受けていると見る説が有力である。

ベトナム道教の研究者大西和彦氏によれば、カオダイ教教団には「協天台《ヒエプティエンダイ》」という霊媒の組織があり、教団はその託宣に従う。霊媒が神の啓示を受けるには、紙を張った竹籠に、長さ約四〇センチの竹製の柄を差し込んだ、「機筆《コブット》」と呼ばれる一種の筆記具が用いられる。霊媒が竹籠を持ち、竹の柄の先に取り付けた木釘を溶いた白墨に浸し、机の上にのせる。それが依代となって、神意が自動筆記されていく。

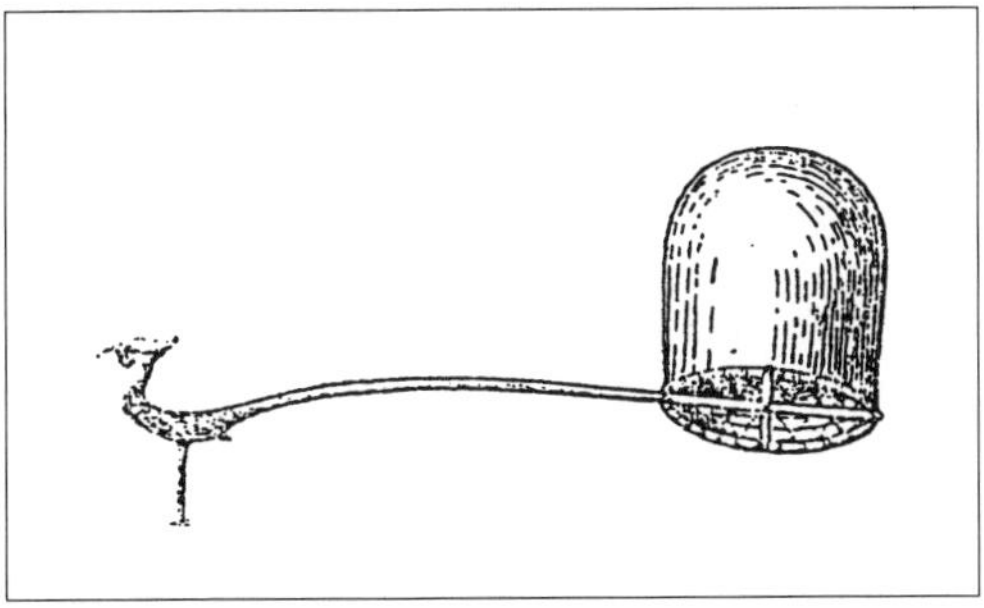

カオダイ教の「機筆」（『道教事典』より）

カオダイ教の「機筆」の形態は、竹の箕に箸を挿した道具を使って筆記していく香港金蘭観の「扶箕」や、女性や子供たちの間で伝承されてきた「請紫姑」の風習を彷彿とさせる。

R・B・スミス氏によれば、カオダイ教の文献には、漢字の「求仙」「壇乩」「求乩」「求壇」といった語を、ベトナム語音で音読した語彙が見られるという。

さらに、カオダイ教の教義には、白蓮教や青蓮教など明清の民間宗教教派の終末思想に現われる「大道三期普度《ふと》」や「龍華会《りゅうげかい》」といった語彙や概念が取り込まれていることも指摘されている。

スミス氏は、カオダイ教の教義や組織が、五教合一を説く民国期の新興宗教教派「道院」や、南洋華僑の間に広がった「先天道」の教義や組織と、多くの共通点が認められることから、こうした中国民間の宗教伝統が、十七世紀以降、清朝の迫害を恐れて南中国からベトナムへ逃げ込んだ秘密宗教結社の信者を含む中国人移民によって伝えられたのではないかと推測している。

ベトナムと扶鸞の盛んな南中国とは地続きであり、歴史的に見ても交流が盛んであったことから、カオダイ教の「機筆」が、中国の乩筆を原型としていることはほぼ間違いないだろう。ただ、扶鸞がいつどのようなルートをたどって伝えられたかについては、複数の可能性が考えられる。スミス氏が推測するように、十七世紀以降ベトナムに逃げ込んだ宗教結社の信者によって伝えられたとも考えられるし、二十世紀に入って相次いで生まれた民国期の新興扶鸞教派の扶鸞儀礼を取り入れた可能性もある。また竹籠を使う素朴な方法が取り入れられているところから、中国の基層社会において伝承されてきた素朴な扶鸞信仰が、中国人移民とともに伝えられた可能性も否定することはできない。

3 中国本土に復活する扶鸞

広東省海豊県の農村から

中華人民共和国成立後、扶鸞は封建迷信活動の一つとして禁止され、扶鸞結社も活動停止に追い込まれた。一九八〇年代以降、改革開放政策のもとで、各地で寺廟の復興事業が進められ、それに伴って法会、功徳儀礼などの宗教活動も復活しつつあるが、童乩や扶鸞による降神儀礼は依然として公認されていない。だが、実際に南中国の地方都市や農村に行くと、童乩や扶鸞などの活動が、おおっぴらにとまではいかないまでも、当局の干渉を受けることなく比較的自由に行われている様子をまのあたりにする。ここでは広東省東南沿海部に位置する海豊《かいほう》県の農村で、偶然見ることができた扶鸞儀礼の様子を紹介しよう。

海豊県とその隣の陸豊《りくほう》県に跨る通称「海陸豊《かいりくほう》」地域は、魚や海老の養殖業が盛んなところである。話されている方言は閩南語《びんなんご》系の「福佬語《フォクロウ》」が主流であるが、客家《はっか》語を話す人々もいる。文化的、言語的には、同じ閩南語系方言圏に属する潮州人に近似している。

海豊県の農村は、同じ広東省でも、珠江デルタ地域の農村に比べると貧しい。だが近年は、新築の二階建てや三階建ての家が目立つようになり、少しずつ豊かになってきている。それとともに、祠堂や寺廟等の伝統的な文化施設の復興や修復工事が盛んになってきた。二〇〇一年の夏に訪ねた海豊県東洲郷《とうしゅうごう》の「海豊善堂」——またの名前を「普善寺」という——もその一つである。

海豊善堂の由来は、この地域で盛んな「聖人公媽《せいじんこうま》」(「先人公媽」「百姓《ひゃくせい》公媽」ともいう)信仰と関わりが深い。「聖人公媽」信仰とは、家を建てたり、畑を耕していたときに見つかった無縁の人骨を、霊験あらたかな神霊として供養祭祀するものである。聖人公媽を祀る祠は、普通の墳墓の形態をとったものが多く、孤魂の供養を主眼とする盂蘭盆《うらぼん》の時期(旧暦七月十五日前後)に盛大な祭祀が行われる。

海豊県東洲郷では、一九八〇年代初頭、百姓公媽を修建しようとして地面を掘り返したところ、たくさんの人骨が出てきた。海豊県の隣の恵来《けいらい》県にある「峰徳林《ほうとくりん》善堂」は、こうした無縁の人骨を供養してくれることで知られており、さっそく相談してみた。峰徳林善堂では、扶鸞を介して、これらの人骨をどうすべきか神に指示を仰いだ。すると、百姓公媽の近辺に善堂を設立し、無縁骨を供養せよという命が下った。一九八三年、人々は乩示に従って峰徳林善堂から「大峰祖師《たいほうそし》」を迎え、海豊善堂を設立した。

かつて、海陸豊から恵来、潮州、汕頭にかけての地域は、無縁骨の埋葬供養を主要業務とする善堂の活動が盛んだったところである。善堂のメンバーは、旧暦七月になると各地を訪れ、無縁の白骨を回収し、まとめて「百姓公媽」と呼ばれる墓地に埋葬した。こうした善堂の多くは宋代に実在した僧侶宋大峰《そうたいほう》を祖師として祀り、扶鸞を行っていた。宋大峰、すなわち大峰祖師とは、北宋の宣和《せんな》年間（一一一九～一一二五）、福建から広東潮陽県に入り、大河に橋を架けたことで人々に恩人と称えられた人物である。死後、大峰祖師の墓は何度も修復され、清代にはすでに神格化されていたが、大峰祖師信仰が大流行したのは、清末民初の疫病流行時であった。十九世紀末には潮州人移民とともにタイに伝播し、タイの著名慈善団体「報徳《ほうとく》善堂」に祭祀されたのをはじめとして、タイ華人の主要な信仰対象の一つとなっている。

海豊善堂の裏に祀られた「聖人公媽」

　東洲郷の海豊善堂では、当初、市の宗教局に「善堂」の名義で登録しようとしたが、宗教局の登録簿に「善堂」という項目がなかったため、江西省から僧を招いて普善寺という寺を設立し、仏寺の名義で登録した。現在の主な活動は、無縁骨の埋葬供養、義塚《ぎちょう》（無縁仏を埋葬する塚、または共同墓地）の修築、扶鸞による問事、各種の法事、貧困者に対する葬儀費用の援助などで、生者と死者両方に対する救済を旨としている。善堂に入会するには、扶鸞によって大峰祖師に許可を得る。入会すると祖師の「福仔《フォックジャイ》」と呼ばれ、一年に四十元の会費を支払う。現在までにこうした入会者が千人近くいるという。

海豊善堂の扶鸞儀礼

二〇〇一年の夏、海豊善堂を訪れたとき、これから扶鸞儀礼を行うというので、見学させてもらった。依頼者は、近所に住む女性と十六歳になる彼女の息子である。海豊善堂の乩筆はY字型で、正乩手と副乩手の二人で支える「双乩」であった。まず二人の乩手は祭壇の手前の机に置かれた乩筆に向かい、三本の香を持って跪拝する。その後、祭壇に向かって左側に正乩手、右側に副乩手が立ち、正乩手は右手、副乩手は左手で乩筆の枝を握る。祭壇の右手にいる記録者が一本の線香を乩筆の先に差し、もう一本の線香で乩筆をなでるようにしながら、神の名を含む呪文を唱える。するとと乩筆が机の上を叩くように動き始める。机の上には砂や灰は撒いていない。乩筆が動くとすぐに、依頼者の女性が正乩手に話しかけた。すると乩手は頭の上に乩筆を高く掲げ、すぐさま机の上に叩きつけるようにして字を書き始める。しばらく字を書いた後、正乱手は女性に直接答える。この間、乱筆は机の上に円を描いているだけである。答え終わると、正乱手は再び女性の訴えを聞き、乱筆で字を描き、それに基づいて正乱手自身が口頭で答える。このパターンを何度か繰り返す。

　女性の話の内容を後で通訳してもらった結果によると、この女性は最近家を新築したが、入居後子供が病気がちになるなど、悪いことばかりが続いた。女性は乱手に対し、家に「陰神《いんしん》」（死者起源の、地位の低い神霊。より正統的で地位の高い「陽神」「大神」に対置される）がいるのではないかと訴えた。乱手の答えは、心配はない、八《はっ》卦鏡《かきょう》（易《えき》の八卦の描かれた八角形の板の中心に鏡をつけたもの。風水をよくするために用いられる）を買い、魂をふきこむ開光《かいこう》儀礼をして壁に掛けよというものだった。次の質問は彼女の息子についてであった。現在中学に通っているが、勉強に身が入らない。女性は、これも「陰

海豊善堂の扶鸞儀礼

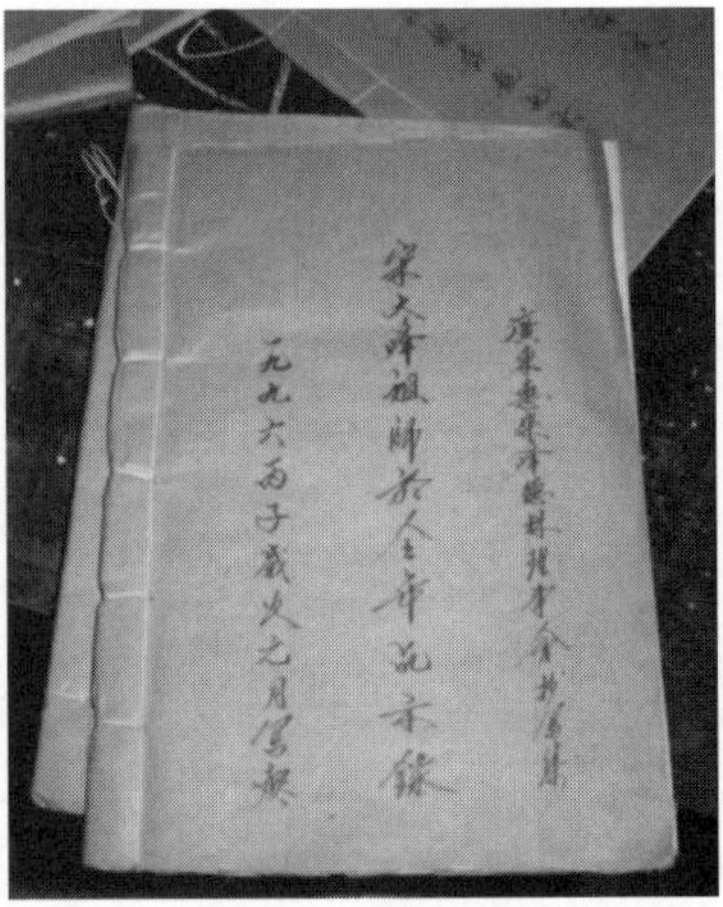

大峰祖師の乩示を記録した冊子
（広東省恵来県・峰徳林善堂）

神」がついているせいかと尋ねた。これに対して乩手は、「小人《しょうじん》」（悪運をもたらす霊の一種）を消し去り、「貴人《きじん》」（良運をもたらす霊の一種）に手助けしてもらえるよう、媽祖に祈願しなさいとアドバイスした。

その後、正乩手は紅色、黄色、緑色の紙符をとり、乩筆で符を叩いたり、符に向かって空中に文字を描いたりした後、これらを身につけよと命じた。また水の入った小さな茶碗の上に乩筆で符を描き、紙符を焼いた灰を入れて混ぜ、息子に飲ませた。さらに乩筆で息子の頭から首、腹、背中をなでた。これは身体にとりついている「小人」を消す作用があるという。以上で、扶鸞儀礼は終了した。

扶鸞信仰は復活するか

海豊善堂で扶鸞の公開儀礼が行われていることについて、当局の取り締まりを受けることはないのか、と善堂の責任者に尋ねてみた。すると、一度宗教局の役人が調査にやってきたが、特に取り締まりなどはなかったという。このあたりでは、政府の役人といえども、非常に信心深い人が多く、シャーマンの活動に対しても、見て見ぬふりをすることが多いようだ。そういえば、その前年に訪ねた女性霊媒の夫は、県の共産党員であった。また、以前訪ねた珠江デルタ地域のある道観では、地元のディベロッパーの社長が本業という観主が、扶鸞を復活させるべく、乩手の養成を計画していると話していた。

文革期まで地下に潜伏していた扶鸞が、政府のコントロールが及ばないところで、少しずつ復活の兆しを見せていることは確かである。今後、扶鸞が中国本土において、再び活況を取り戻すことはあるのだろうか。

一九八〇年代以降、改革開放政策とともに解放された、人々のより豊かで快適な生活への欲望は、今や留まるところを知らぬ勢いで膨れ上がりつつある。扶鸞が、従来の価値観が急激に変化し、未来を予測しがたい不安な時代に流行するものであるとすれば、現代の中国はまさにそうした時代の真っ只中にある。

もちろん、中国政府が「封建迷信活動」に対する取り締まりを続ける限り、扶鸞が野放しに行われることはないだろう。扶鸞結社が雨後の筍のように生まれた、かつてのような熱狂的なブームが起こることはもはやありえないと思われる。だが、中国の農村に十分な医療体制が整わない限り、また人間の運命は人智では測り知れない、何か大きな力によって動かされていると信じる人々がいる限り、神々の乩示への信仰が途絶えることはないだろう。扶鸞を復活させようとする動きが大きな川の流れになることはなくとも、少なくとも、地下に潜んでいた扶鸞信仰の水脈が、今後もあちこちで地表に顔を覗かせ、湧き水となって流れ出していく可能性は大いにあると言えよう。

おわりに

本書では、「中国のこっくりさん」こと「扶鸞」について、さまざまな角度から取り上げてきた。最後に、「はじめに」で提起した問題について、ここでもう一度考えてみることにしたい。いったい扶鸞の何が、これほどまでに中国の人々を魅了してきたのだろうか。

一つの確かな理由は、扶鸞が文字を媒介として神霊からのメッセージを伝えるという点にある。神霊からのメッセージは、口頭で伝えられるよりも、文字で伝えられるほうがより権威を持つ。扶鸞が神霊からのメッセージであることの根拠として、しばしば挙げられるのは、読み書きができないはずの乩手が、乩示では、高い教養を備えた文人のように、格調高い文体のメッセージを、見事な筆跡で残していくというものである。扶鸞信仰の成立は、中国の人々の、漢字に対するほとんど宗教的と言ってもよい尊崇の念と深く関わっている。

もともと紫姑神信仰という基層のシャーマニズム文化から生まれた扶鸞は、文字を媒介とする、そのユニークな特性によって、中国の高位文化への仲間入りを果たした。扶鸞が知識人に受け入れられたのは、扶鸞を行っている際の乩手の様子が、童乩のような恍惚状態や荒々しい熱狂状態を伴わず、ほとんど覚醒状態に近い、洗練されたものであったことも理由の一つとして挙げられよう。「怪力乱神を語らず」をモットーとしていた知識人も、童乩の血みどろの姿には目をそむけても、神霊と直接交流ができるという思想自体を否定していたわけではなかった。知識人も庶民と同様、神霊との交流を切実に望んでおり、その手段として童乩ではなく、扶鸞というスタイルを選んだのである。

それまで「扶鸞はイカサマだ」と言っていた人が、乩筆を手にし、乩筆が動く感覚を知ったとたんに、扶鸞のとりこになるというのも、よく見られる現象である。本書では、扶鸞を行っているときの意識状態は、宗教的「行」によって獲得される催眠性トランスと同種のものであり、その感覚こそ、天の神々との「感応」の証と受け取られると指摘した。私は子供の頃、「こっくりさん」で遊んだときの、自分の手が自分のものではないような感覚や、指がコインに吸い付いて離れないような感覚を、今でもかすかに覚えているが、扶鸞の感覚は、一度味わったら、懐疑主義者を熱心な信徒に改宗させるほど、よりインパクトがあるものなのだろう。テーブルと柳や桃の枝さえあれば、気軽に試してみることのできる扶鸞は、いつでも、どこでも、また強い意志さえあれば誰でも、一種の感応体験を味わうことができる。これもまた、扶鸞の魅力の一つと言えるだろう。

だが何と言っても、扶鸞が中国の人々を魅了してきた最大の理由とは、これまで見てきたように、扶鸞が「こっくりさん」のような単なる遊戯や占いという範疇を越えて、迷い、苦しむ人々に、救いや癒し、慰めや励ましを与えてきたことにあるのではないだろうか。

全般的な趨勢から言えば、香港でも台湾でも、新しい扶鸞結社が次々と生まれた一九五〇年代から七〇年代に比べ、扶鸞信仰の人気には翳りが生じている。現在どこの道壇や鸞堂でも、若い世代の信者が少ないことが悩みの種であり、乩手の後継者不足も深刻である。老齢の乩手が病気になったり、亡くなってしまった扶鸞結社では、新しい乩手が見つからないために、定期的な扶鸞儀礼をやめてしまうところが目立つ。

扶鸞の人気が衰退してきた理由は、いくつか考えられるが、近代医学の医療機関が普及し、社会福祉制度が充実した今日、扶鸞による贈医施薬への依存が昔ほど切実なものではなくなってきたことがまず挙げられよう。また、近代合理主義に基づく学校教育を受けて育った若い世代にとって、難解な詩文で書かれた乩文はなじみの薄いものであるばかりでなく、扶鸞などの巫俗に対して、根強い抵抗感があることも否めない。いずれにせよ、現代人は、かつてほど扶鸞に救いや指針を求めなくなってきたことは確かである。

しかしながら、だからといって、今後扶鸞は消滅していく運命にあると言い切ることはできない。扶鸞を介して降された神霊の言葉に生きる指針を求め、神霊によって処方された薬に一縷の望みを托して扶鸞結社にやって来る人々が、現在でも後をたたないことは事実だからである。私はこれまで多くの扶鸞結社で、そうした人々と出会ってきた。香港のある道壇で見かけた、病気の赤ちゃんを抱いた若い母親の思いつめた表情が思い浮かぶ。台湾の鸞堂で出会った、宣講の講義に熱心に耳を傾けていた女性教師の姿も印象に残っている。そして、乩示をめぐる物語を語ってくれた紫闕玄観の信徒たち一人一人のことを、懐かしく思い出す。

そう言えば、もう亡くなった秀芳ばあちゃんは、いつだったかこんな話をしていた。一九四九年以降、中国本土では、扶鸞は「神棍《しんこん》」（神の名を騙《かた》って人をだますペテン師）の一つと見なされ、厳しい取り締まりを受けた。広州の信善堂を切り盛りしていた彼女は、解放直後に開かれた「資本家批判集会」に参加している間、信善堂の香炉や神具をどう処理したらいいかをずっと考えていた。会が終わると、彼女は一目散に芳村の壇へ向かった。壇に着くと彼女はすぐに薪を燃やし、香炉や錫《すず》製の神具を火にくべ、すべて溶かしてしまった。当時の状況からすれば、しかたのない処置だったとはいえ、ばあちゃんはその時のことをずっと気に病んでいた。それから何十年も経ったある日、ばあちゃんはその時のことを呂祖師に詫びた。「ねえ祖師、あれはしかたがなかったんですよ。どうか許してください。」すると祖師は答えた。「気にすることはない。外に出て眺めてみよ。私は天然の大きな香炉を持っているのだから。」祖師は、沙田《サーティン》の山の上にある信善玄宮からの眺めを香炉にたとえ、ばあちゃんを許し、慰めてくれたのだった。この話を聞いたとき、信善玄宮の見晴らしのよいテラスに立つ小柄なばあちゃんの姿を想像して、思わず泣きたいような思いにとらわれた。その時の思いはうまく説明できないが、砂の上に書かれたわずか数行のメッセージが、人の心をどれほど癒やすものかということが、ほんの一瞬ではあるが、実感できたのだと思う。

扶鸞を介して神仙の弟子となり、神仙との交流の喜びを熱く語る信者たちとの出会いは、扶鸞によって構築される世界が決して虚構ではなく、彼らのリアルな世界の一部であることに気づかせてくれた。そして私自身も、まったく思いがけないことに、入道の儀礼を経て呂祖の弟子となり、「学道」という長い道のりの入口に導かれた。あれからもう十年になる。

今でも香港に行った時は、必ず紫闕玄観を訪れ、祖師の前に跪く。普段は自分が入道したことさえすっかり忘れてしまっている不肖の弟子だが、祖師の前に跪くと、そうだ、私は呂祖の弟子だったんだと思い出すのである。「学道」については、相変わらず道教について研究してはいるが、人の拠るべき規範としての道、宇宙の原理や自然界の法則としての道について学び、実践するまでには至っていない。「学道」という長い道のりの果ての「得道《とくどう》」など、望むべくもないが、少なくとも、呂祖から授かった道号「観恒」に込められた「恒心」(変わらぬ心)だけは、忘れずにいたいと思っている。

【主要参考文献】

■邦文

飯島渉『ペストと近代中国』研文出版、二〇〇〇年
石井昌子『真誥』〈中国古典新書続編〉明徳出版社、一九九一年
一柳廣孝『〈こっくりさん〉と〈千里眼〉―日本近代と心霊学』講談社選書メチエ、一九九四年
伊能嘉矩『台湾文化誌』西田書店、復刻版、一九六五年（初版一九二八年）
大西和彦「高台教」（野口鐵郎ほか編『道教事典』平河出版社、一九九四年）
ジャネット・オッペンハイム著、和田芳久訳『英国心霊主義の抬頭―ヴィクトリア・エドワード朝時代の社会精神史』工作舎、一九九二年
恩田彰「宗教的行における催眠的要素」（成瀬悟策編『宗教における行と儀礼』誠信書房、一九七八年）
可児弘明「扶鸞雑記―民衆道教の周辺（その二）」『史学』四五―一、一九七二年
幸田露伴「論仙」（「扶鸞之術」「仙人呂洞賓」を収録）『露伴全集』第一六巻、岩波書店、一九七八年
合山究『紅楼夢新論』汲古書院、一九九七年
酒井忠夫『近・現代中国における宗教結社の研究』国書刊行会、二〇〇二年
佐々木宏幹『シャーマニズムの世界』講談社学術文庫、一九九二年
同前「扶乩について―フィリピン・マニラ華人社会の事例から」（桜井徳太郎編『日本民俗の伝統と創

造』弘文堂、一九八八年）
佐々木伸一「台湾・扶鸞の担い手」『環日本研究』第七号、二〇〇〇年
志賀市子『近代中国のシャーマニズムと道教―香港の道壇と扶乩信仰』勉誠出版、一九九九年
同前「近代中国の扶鸞結社運動―台湾の『鸞堂』を中心に」（野口鐵郎ほか編〈講座道教〉第五巻『道教と中国社会』雄山閣出版、二〇〇一年）
同前「広東海陸豊地域の民俗宗教」『東京成徳大学研究紀要』第九号、二〇〇二年
篠原寿雄『台湾における一貫道の思想と儀礼』平河出版社、一九九三年
直江広治『中国の民俗学』岩崎美術社、一九九六年
成瀬悟策「変性意識」（『岩波講座 精神の科学一〇 有限と超越』岩波書店、一九八三年）
増田福太郎『台湾の宗教 附台湾本島人の宗教』南天書局、復刻版、一九九六年（初版一九三五年）
森由利亜「呂洞賓と全真教―清朝湖州金蓋山の事例を中心に」（砂山稔ほか編〈講座道教〉第一巻『道教の神々と経典』雄山閣出版、一九九九年）
山田賢『移住民の秩序―清代四川地域社会史研究』名古屋大学出版会、一九九五年
同前「世界の破滅とその救済―清末の〈救劫の善書〉について」『史朋』第三〇号、一九九九年
吉岡義豊『現代中国の諸宗教』佼成出版社、一九七四年
吉原和男「タイ国へ伝えられた徳教とその変容」（宮家準編『民俗宗教の地平』春秋社、一九九九年）
同前「徳教の多国籍化とネットワーキング」『アジア遊学』二四号、二〇〇一年
サラ・リトヴィノフ編、荒俣宏監修、風間賢二訳『世界オカルト事典』講談社、一九八八年
劉枝萬『台湾の道教と民間信仰』風響社、一九九四年

■中文

王志宇『台湾的恩主公信仰―儒宗神教与飛鸞勧化』文律出版、一九九七年
王見川『台湾的斎教与鸞堂』南天書局、一九九六年
同前「転変中的神祇―台湾『関帝当玉皇』伝説的由来」（李豊楙、朱栄貴主編『性別、神格与台湾宗教論述』中央研究院中国文哲研究所、一九九七年）
郭武『道教与雲南文化―道教在雲南的伝播、演変及影響』雲南大学出版社、二〇〇〇年
許地山『扶箕迷信底研究』商務印書館、一九四一年
呉麗珍『香港黄大仙信仰』三聯書店、一九九七年
徐珂編撰『清稗類鈔』第十冊、中華書局、一九八六年
周育民「民国時期一個文壇巨子乩筆下的霊界」『民間宗教』第一輯、一九九五年
範純武『清末民間慈善事業与鸞堂運動』国立中正大学歴史研究所修士論文、一九九六年
包天笑『釧影楼回憶録』〈近代中国史料叢刊続編第五編〉文海出版社、一九七一年
游子安『勧化金箴―清代善書研究』天津人民出版社、一九九九年
余光弘『媽宮的寺廟―馬公市鎮発展与民間宗教変遷之研究』中央研究院民族学研究所、一九八八年
李世偉『日據時代台湾儒教結社与活動』文律出版、一九九九年
劉志文編『広東民俗大観』上・下、広東旅遊出版社、一九九三年

■英文

Ball, Dyer. "A Chinese View of Plague." In *Hong Kong Legislative Council Sessional Papers*, edited by Hong Kong Government. Hong Kong: Government Printers, 1895.

Benedict, Carol. *Bubonic Plague in Nineteenth-century China*. California: Stanford University Press, 1996.

Chao, Wei-pang. "The Origin and Growth of the Fu'chi." *Folklore Studies* 1 (1942). 9-27.

Gray, Isabella. *Fourteen Months in Canton*. London: Macmillan & Co, 1880.

Gray, John Henry. *Walks in the City of Canton*. Hong Kong: De Souza & Co, 1875.

De Groot, J. J. M. *Religious System of China*. Reprint. Taipei: Ch'eng Wen Publishing Co, 1976 [1892-1910].

Hsu, Fransis L. K. *Under the Ancestors' Shadow: Chinese Culture and Personality*. London: Routledge & Kegan Paul Limited, 1949.

Lang, Graeme & Ragvald Lars. *The Rise of a Refugee God: Hong Kong's Wong Tai Sin*. Hong Kong: Oxford University Press, 1993.

Overmyer, D. L. & D. K. Jordan. *Flying Phoenix: Aspects of Chinese Sectarianism in Taiwan*. Princeton: Princeton University Press, 1986.

Poon, B. & M. Man. " 'Bud-sin' Syndrome (The Spirit of Pen): A Collective Possession State Experienced Secondary School Students." In *Mental Health in Hong Kong*, edited by Tai-pin Khoo. Hong Kong: Mental Health Association of Hong Kong, 1986.

Russel, Terence C. "Chen Tuan at Mount Huangbo: A Spirit-Writing Cult in Late Ming China." *Asiatische Studien* XLIV: 1 (1990). 107-140.

Smith, R. B. "An Introduction to Caodaism II." *Bulletin of the School of Oriental and African Studies* XXXIII: 3 (1970). 573-589.

あとがき

今年の八月、一年ぶりに訪れた香港は、少なくとも表面的には、あまり変わっていないように見えた。いつもながらに活気あふれる香港の街を歩いていると、今年の春、新型肺炎SARSの流行が前代未聞のパニックを引き起こしたことも、七月一日に行われた治安維持立法反対デモに五十万人もの市民が参加したことも一瞬忘れ、まるで何事もなかったかのような錯覚を覚える。だが、こうした一連の出来事が、香港の人々の心に忘れようにも忘れられない大きな傷跡を残し、どこか深いところで、何かが少しずつ変わりつつあることは確かだった。

香港滞在中、いつものように深水埗の信善紫闕玄観に行き、呂祖の前に跪いた。壇の雰囲気は昔と変わらず、明るくなごやかだった。乩手のHさんの話によれば、SARSパニックがピークに達した四月、五月は、「求方」に訪れる人で大変な賑わいだったそうだ。彼は香港と澳門の壇で乩手を務めているのだが、その時期は忙しくて休みがとれなかったらしい。「信徒の人たちはみんな大丈夫だったんですか？」と尋ねると、Hさんは「祖師の処方があるからね」と答えた。

現代人は、かつてほど扶鸞に指針や救いを求めなくなってきたと述べたが、SARSの流行によって中国医薬が見直され、仙人の薬方を処方する扶鸞も、一時とはいえ、再び勢いを取り戻したかのようだ。

その日、私はとくに「問事」はしないで帰るつもりだったのだが、何人かの信徒に、ひさしぶりだから師尊に「訓示教導」をお願いしてみたらとすすめられ、その言葉に従った。「訓示教導」とは、個人の具体的な問題に関して答えを求めるのではなく、「学道」に関して師尊から教えを授かることである。叩事表にはただ「請師尊訓示教導」とだけ記す。

ひさしぶりに授かった祖師の乩示には「学術参研足已行、道課未常観見真、項然広博各門派、此等不過外観行、内有玄妙由心悟、方能領略奥宇恒」とあった。意訳すれば、こんなところだろうか。「おまえは学術研究は十分やってきたが、道の習得についてはいまだに本物に出会っていない。道教の各流派のことは広く知っても、これらは外から見た姿に過ぎない。内に有る玄妙を知ろうとするなら、心より悟りを開け。そうしてこそ、その奥義の永遠なることを会得できるのだ。」

いやはやまいりました。祖師は何もかもお見通しであった。痛いところをずばりとついてくる、こういうところが扶鸞の魅力なのだろうと思う。その通り、私はまだまだ修行が足りない。学問においても、また「道を学ぶ」ということについても。

本書は、一九九九年に出版した拙著『近代中国のシャーマニズムと道教』の一部に、その後発表した論文やエッセイを加え、大幅に書き直したものである。筑波大学に提出した博士論文をほぼそのままとめたこの前著は、価格があまりにも高すぎ、しかも一般の書店にほとんど出回らないため、限られた人たちにしか読んでもらえないという不満があった。本書は、もっと多くの人たちに「中国のこっくりさん」こと「扶鸞」について知ってもらいたい、そして中国宗教の現状についてもっと関心を持ってもらいたい、という思いから企画された。本書はたぶん、扶鸞信仰に関して日本語で一般読者向けに書かれた初めての専著である（論文やエッセイならこれまでにもいくつかは出ているが）。本書を手にとって、始めは「『中国の』がついたって、しょせんは『こっくりさん』だろう」とタカを括っていた人も、読み終わった後で、「扶鸞、侮りがたし！」と感じていただければ、本書の目的は半分以上達成したも同然である。

なお、本書は一般読者の便宜を図って、難読の漢字にはできるだけ振りがなを付けるように心がけた。地名や人名、民俗語彙に付した振りがなのうち、ひらがなのものは日本語読み、カタカナのものは「童乩《タンキー》」「尪姨《アンイー》」等台湾語読みのものと、「巫婆《ウーポー》」「王母娘娘《ワンムーニャンニャン》」等北京語読みのものを除いて、すべて広東語読みである。また本文中に登場する信徒たちの名前は、個人のプライバシーを配慮し、仮名あるいはイニシャル表記とした。乩示の物語の語り手の名前を仮名にしたのは、そのほうが親しみを感じやすいのではないかと考えたためである。

本書が完成するまでには多くの人々にお世話になった。とくに、これまで行ってきた現地調査で、私をサポートしてくださったすべての方々に、改めて感謝したい。また原稿に目を通し、誤訳や表現をチェックしてくださった土屋昌明氏、貴重な写真を提供していただいた佐々木伸一氏、佐々木宏幹氏、游子安氏にも心より感謝の意を表したい。そして最後になるが、大修館書店の小笠原周氏には、企画の後押しから編集校正に至るまで、細心のご配慮をいただいた。厚く御礼申し上げます。

志賀市子

二〇〇三年九月

[著者略歴]

志賀市子（しが　いちこ）

1963年、東京都生まれ。1986年、慶応義塾大学文学部卒業。1997年、筑波大学大学院博士課程歴史・人類学研究科文化人類学専攻修了。文学博士。滋賀県立大学、東京成徳大学を経て、現在、茨城キリスト教大学助教授。著書に『近代中国のシャーマニズムと道教』（勉誠出版）、論文に「近代中国の扶鸞結社運動」（〈講座道教〉第5巻『道教と中国社会』、雄山閣出版）、「広東省に進出する香港道教」（『アジア遊学』No.24）、「先天道嶺南道派の展開」（『東方宗教』第99号）、「広東省における道観復興事業の諸相」（『拡大する中国世界と文化創造』、弘文堂）等がある。

〈あじあブックス〉

中国《ちゅうごく》のこっくりさん——扶鸞信仰《ふらんしんこう》と華人社会《かじんしゃかい》

NDC148 266p 19cm

初版第一刷——2003年11月20日

著者——志賀市子《しがいちこ》

発行者——鈴木一行

発行所——株式会社大修館書店

〒101-8466 東京都千代田区神田錦町3-24

電話03-3295-6231（販売部）03-3294-2353（編集部）

振替00190-7-40504

[出版情報] http://www.taishukan.co.jp

装丁者——下川雅敏

カバー写真——佐々木伸一・志賀市子

印刷所——壮光舎印刷

製本所——関山製本社

ISBN4-469-23195-9　Printed in Japan